MedR Schriftenreihe Medizinrecht

Herausgegeben von
Professor Dr. Andreas Spickhoff, Regensburg

Lothar Knopp
Wolfgang Schluchter
Herausgeber

Sterbehilfe – Tabuthema im Wandel?

Springer

Prof. Dr. Lothar Knopp
BTU Cottbus
Zentrum für Rechts- und
Verwaltungswissenschaften (ZfRV)
Konrad-Wachsmann-Allee 1
03046 Cottbus
umweltrecht@tu-cottbus.de

Prof. Dr. Wolfgang Schluchter
BTU Cottbus
Humanökologisches Zentrum
Erich-Weinert Straße 1
03046 Cottbus
wolf.schluchter@tu-cottbus.de

ISSN 1431-1151
ISBN 978-3-540-22238-5 ISBN 978-3-642-18885-5 (eBook)
DOI 10.1007/978-3-642-18885-5

Bibliografische Information Der Deutschen Bibliothek
Die Deutsche Bibliothek verzeichnet diese Publikation in der Deutschen Nationalbibliografie; detaillierte bibliografische Daten sind im Internet über <http://dnb.ddb.de> abrufbar.

springer.de

Ursprünglich erschienen bei Springer-Verlag Berlin Heidelberg New York 2004

Layoutarbeiten: Schreib- und Korrekturservice Manuela Ebert, Mannheim

SPIN 11014720 64/3130/DK-5 4 3 2 1 0 – Gedruckt auf säurefreiem Papier

Vorwort

Das brisante Thema „Sterbehilfe", zudem „aktive Sterbehilfe" - also gezielte Tötung des schwerstkranken Menschen auf seinen Wunsch -, wirft derzeit wie kein anderes Thema schwierige gesellschaftliche, medizinische, ethische und rechtliche Fragen auf, die aufgrund aktueller Fälle immer wieder kontrovers in Öffentlichkeit und Fachwelt diskutiert werden. Dabei stehen sich die Argumente diametral gegenüber.

So hat der jüngst geplante Gruppenantrag einiger Abgeordneter von SPD, Grünen und FDP zur „Autonomie am Lebensende" zu heftigen Reaktionen geführt. Bundesregierung, Unionspolitiker und Patientenvertreter reagierten ablehnend. „Die aktive Sterbehilfe soll verboten bleiben", so eine Sprecherin des Justizministeriums. Die Deutsche Hospizstiftung warnte: „Wenn die aktive Sterbehilfe legalisiert wird, bedeutet das das Ende der Selbstbestimmung des Patienten", ein CSU-Parlamentarier sprach gar von einem „Angriff gegen die Menschenwürde".

Dabei geht es bei dem fraktionsübergreifenden Antrag noch nicht einmal um „aktive Sterbehilfe", sondern um die „Straffreiheit des Sterbenlassens". Im deutschen Strafgesetzbuch soll präzisiert werden: „Ein Unterlassen oder Abbruch lebensverlängernder Maßnahmen, der auf dem Wunsch des Verstorbenen beruhte, ist nicht rechtswidrig, wenn dieser Verzicht von dem Gestorbenen ausdrücklich oder durch gültige Patientenverfügung erklärt ist." Mit ihrem gemeinsamen Antrag wollen die Abgeordneten erreichen, dass todkranke Menschen selbst über den Zeitpunkt ihres Ablebens bestimmen können. Der Patientenwille soll bis zum Schluss ausschlaggebend sein, weshalb auch wichtigstes Instrument des geplanten Gesetzes die sogenannte Patientenverfügung sein soll. Es soll erlaubt sein, verbindliche Vorkehrungen für den Fall zu treffen, dass man schwerkrank wird und seinen Willen nicht mehr kundtun kann. Und dies soll auch umgesetzt werden können.

Die aktive Sterbehilfe ist demgegenüber von den Niederlanden als erstem europäischem Land durch das Niederländische Sterbehilfegesetz legalisiert worden.

Am 21.11.2003 wurde gemeinsam vom Humanökologischen Zentrum (HöZ) und dem Zentrum für Rechts- und Verwaltungswissenschaften (ZfRV) an der Brandenburgischen Technischen Universität (BTU) Cottbus ein interdisziplinäres Symposium mit dem Thema „Sterbehilfe - Tabuthema im Wandel?" durchgeführt, auf dem namhafte Referenten aus Wissenschaft und Praxis ihre Auffassungen einer breiten Öffentlichkeit zur Diskussion stellten. Die teilweise kontrovers geführte Diskussion zeichnete sich durch ihre Offenheit aus. Es ging nicht um das Recht haben an sich, sondern um die Haltungen zu dieser Grenzfrage. Dies erlaubte auch dem Plenum, die Argumente des Podiums aufzugreifen und sie mit individuellen Stellungsnahmen zu konfrontieren. Offensichtlich hatten alle Beteiligten am Ende des Symposiums das Gefühl, eindeutiger und bewusster über das Thema Leben, Sterben und Tod sprechen zu können.

Der vorliegende Band enthält die Vorträge und wesentlichen Diskussionsbeiträge. Frau Dr. Scharkoff und Herrn RA Hoffmann, LL.M. Eur., soll hier noch einmal ausdrücklich für die exzellente Vorbereitung und Organisation der Veranstaltung gedankt werden.

Cottbus, im April 2004 *Lothar Knopp und Wolfgang Schluchter*

Inhaltsverzeichnis

Autorenverzeichnis

Dr. Ulrike Gutheil, Kanzlerin der BTU und Mitdirektorin des Zentrums für Rechts- und Verwaltungswissenschaften (ZfRV) an der BTU Cottbus

Prof. Dr. Wolfgang Schluchter, Inhaber des Lehrstuhls für Sozialwissenschaftliche Umweltfragen und Wissenschaftlicher Direktor des Humanökologischen Zentrums (HöZ) an der BTU Cottbus

Dipl.-Ing. Eleni Vasileiadou, Mitarbeiterin am Humanökologischen Zentrum (HöZ) der BTU Cottbus

Prof. Dr. Lothar Knopp, Inhaber des Lehrstuhls für Staatsrecht, Verwaltungsrecht und Umweltrecht sowie Geschäftsführender Direktor des Zentrums für Rechts- und Verwaltungswissenschaften (ZfRV) an der BTU Cottbus

Dirk Ehlert, Vizepräsident des Landgerichts Frankfurt/Oder, Abteilungsleiter für Öffentliches Recht, Privatrecht und Rechtspolitik im Ministerium der Justiz und für Europaangelegenheiten des Landes Brandenburg, Potsdam

Dr. sc. med. Josef Horntrich, Obermedizinalrat, Ärztlicher Direktor des Carl-Thiem-Klinikums Cottbus a.D.

Dipl. med. paed. Annette Wallenburg, Leiterin des StadtHospiz Cottbus

Propst Herbert Pollack, Pfarrer der Propsteikirche St. Maria Friedenskönigin Cottbus

Symposium „Sterbehilfe – Tabuthema im Wandel?“

Begrüßung durch die Kanzlerin der BTU Cottbus

*Ulrike Gutheil**

Sehr geehrte Damen und Herren,
hiermit möchte ich Sie herzlich zu dem heutigen Symposium „Sterbehilfe - Tabuthema im Wandel?“ begrüßen. Veranstalter dieses Symposiums sind das Humanökologische Zentrum und das Zentrum für Rechts- und Verwaltungswissenschaften der BTU. Beide Zentren, die unterschiedliche Aufgaben und Funktionen haben, haben sich zusammengefunden, um in Form eines Symposiums ein hochaktuelles Thema aufzugreifen, das jeden von uns jeden Tag unvermittelt betreffen kann. In letzter Zeit nehmen die Pressemeldungen zu Fällen der Sterbehilfe immer mehr zu, wenn ich nur beispielhaft an die „Sterbehilfe-Ärztin“ der Hannoverschen Paracelsus-Klinik denke, gegen die die Staatsanwaltschaft wegen mehrerer Todesfälle von Patienten in dieser Klinik, die auf diese Ärztin zurückgeführt werden, ermittelt.

Sterbehilfe ist ein äußerst komplexes Thema, das zahlreiche medizinische, sozialwissenschaftliche, rechtliche und ethische Fragestellungen aufwirft. Diskutiert wird gegenwärtig in der Öffentlichkeit und der Fachwelt vor allem die Frage nach der „Legalisierung der aktiven Sterbehilfe“, bei der es, wie der Begriff schon sagt, um ein aktives, zielgerichtetes Handeln von Personen zur Lebensbeendigung des in der Regel schwerstkranken und nicht mehr heilbaren Patienten geht. Die hier sehr kontrovers geführte Diskussion in den Medien, der Politik, der Ärzteschaft, der christlichen Kirchen und Hospize sowie der Rechtswissenschaft wurde nicht zuletzt durch das bekannte niederländische Sterbehilfegesetz, das im Jahr 2002 in Kraft getreten ist, neu entfacht. Mit diesem Gesetz lassen die Niederlande als erstes Land weltweit die aktive Sterbehilfe durch einen Arzt, wenn auch nur unter bestimmten einzuhaltenden Voraussetzungen und Bedingungen zu. Belgien ist diesem Beispiel gefolgt und hat im Mai 2002 ein sog. „Euthanasiegesetz“ beschlossen, das teilweise noch über die niederländischen Regelungen hinausgeht.

Das heutige Symposium soll Ihnen Gelegenheit geben, sich nicht nur über aktuelle rechtliche Entwicklungen und Fragestellungen in Europa und

---

* Dr. Gutheil ist zugleich Mitdirektorin des Zentrums für Rechts- und Verwaltungswissenschaften (ZfRV) an der BTU Cottbus.

Deutschland bei dem Thema „Sterbehilfe“ zu informieren, sondern insbesondere auch über die Standpunkte aus sozialwissenschaftlicher und kirchlicher Sicht sowie aus Sicht der Hospize. Zu dem Problemkreis „Sterbehilfe“ gehört auch die Frage nach der grundsätzlichen Bedeutung des „Todes“ aus Sicht verschiedener Kulturen, der ein eigener Vortrag gewidmet ist.

Ich wünsche Ihnen als Teilnehmer einen informationsreichen Tag zu einem ernsten, aber notwendigen Thema, zugleich hoffe ich, dass dieses Symposium zu einer Versachlichung der häufig kontrovers und mit vielen Emotionalitäten belasteten Diskussion um die „Sterbehilfe“ beiträgt. Den Tagungsveranstaltern wünsche ich in diesem Sinne einen erfolgreichen, weil sicherlich erkenntnisreichen Tagungsverlauf.

Leben und Sterben als Widerspruch? Soziologische Aspekte zur Autonomie und Selbstbestimmung

Wolfgang Schluchter

Sterbehilfe ist seit Jahren Thema der öffentlichen Diskussion[1]. Für den Diskurs ist kennzeichnend, dass er im Wesentlichen aus der Sicht verschiedener Professionen geführt wird, wie z.B. von Theologen, Ärzten, Juristen, Philosophen oder Journalisten. Vergessen werden Bürger, die in diesen Diskussionen nur ausnahmsweise eine Rolle spielen, obwohl über deren Schicksal und deren Angelegenheiten gesprochen wird.

Gegner der aktiven Sterbehilfe befürchten eine Herabsetzung der Hemmschwelle für einen „sogenannten" absichtlichen Lebensabbruch, wobei auch die Gefahr von „Mitleidstötungen" genannt wird.

Als ein wichtiges Argument wird das Risiko von Fehleinschätzungen angeführt, denn aktive Sterbehilfe führt zu unwiderruflichen Resultaten, die eine eventuelle Besserung des Gesundheitszustandes ausschließen. Hört man manche Ärzte in ihrem Selbstverständnis als Hüter des Lebens dazu, so ist der Widerspruch zu erkennen zwischen der Pflicht zur Auf-

---

1 „Aktive Sterbehilfe ist ein Handeln, welches das Sterben von Todkranken beschleunigt und gilt im Unterschied zur passiven Sterbehilfe, die Handlungen unterlässt, um das Leben von todkranken Menschen künstlich zu verlängern, als Tötungshandlung.
Nach dem neuen niederländischen Gesetz ist aktive Sterbehilfe zwar grundsätzlich weiterhin strafbar, wird jedoch geduldet, soweit sich die behandelnden Ärzte an ein genau vorgeschriebenes Reglement halten: Das Gesetz zur „Überprüfung von Lebensbeendigung auf Verlangen des Patienten und Hilfe bei Selbsttötung" delegiert die Prüfung der „Euthanasiehandlungen" an regionale Kommissionen. Es entlastet den Staat von der Strafverfolgung und den Arzt von der Angst vor strafrechtlicher Verfolgung. Voraussetzung ist der ausdrückliche Wille des einwilligungsfähigen Patienten, wobei zu betonen ist, dass der Hausarzt in den Niederlanden eine sehr starke Bindung zu den von ihm betreuten Familien hat. In Deutschland ist aktive Sterbehilfe ("Tötung auf Verlangen") nach § 216 StGB strafbar. Dies gilt nicht, wenn der Arzt auf Wunsch des Kranken, dessen Tod durch den Einsatz medizinischer Geräte nur herausgezögert wird, diese abschaltet. Ebenfalls ist Selbsttötung und die Beihilfe dazu nach deutschem Recht straflos; allerdings hat der Arzt die Pflicht, einen nach einem Suizidversuch Handlungsunwilligen zu retten." (vgl. Freitag 22, 25.5.2002, Wenn Selbstbestimmung zum Zwang wird, Internet: http://www.freitag.de/2001/22/01221101.php).

rechterhaltung des Lebens und des Sterbenlassens als Vollendung des Lebens in einem würdigen Prozess. Ein würdiges Sterben würde bedeuten, dass dem Betroffenen geholfen wird, den Desintegrationsprozess seines Organismus aus der Gesellschaft oder seiner Familie vollziehen zu können, ohne diesen Vorgang als Krankheit zu begreifen. Denn Sterben ist keine Krankheit, sondern ein individueller und sozialer Prozess zwischen verschiedenen Personen und Akteuren[2].

Wenn sich die Soziologie als wissenschaftliche Disziplin mit dem Sterben befasst, dann vor allem phänomenologisch und zwar als Antwort auf Fragestellungen im Zusammenhang mit Erscheinungsformen der gesellschaftlichen Modernisierungen wie Industrialisierung, Säkularisierung, Demokratisierung und Emanzipation, Individualisierung der Person und Pluralisierung der unterschiedlichen Lebensstile.

Sterben ist für die Soziologie ein Ereignis, das nicht nur den einzelnen, sondern eine Gruppe von Menschen und ihre Beziehungen untereinander betrifft. Es ist nicht nur ein emotionales Ereignis, sondern auch ein gesellschaftlicher Prozess, der nach sozialen Regeln und Normen abläuft und entsprechend der jeweiligen sozialen Leitbilder organisiert ist. Als Leitbild des sozialen Wandels bestimmt Modernisierung die Richtung gesellschaftlicher Entwicklungen und der Diskurs über die aktive Sterbehilfe ist durch die Modernisierungsdiskussion ausgelöst.

Modernisierung gilt zumindest in westlichen Gesellschaften als progressiver, systemischer, globaler und irreversibler Prozess, in dem verschiedene Mechanismen wirken wie Steigerung von Effektivität, Beschleunigung von Vorgängen, Differenzierung von sozialen Beziehungen, Verselbständigung von Prozessabläufen und Individualisierung gesellschaftlicher Aufgaben und Verantwortlichkeiten[3]. Diese Mechanismen wirken sich auch auf den Sterbeprozess aus.

---

[2] Siehe auch *Rutzen, G.*; Sterbehilfe zwischen Selbstbestimmung und Integritätsschutz, Informationsdienst Wissenschaft, Köln 2000, Internet: http://idw-online.de/public/pmid-28490/zeige_pm.html.

[3] Steigerung meint den Prozess einer Entwicklung von einem Ausgangszustand z.B. bei verwandtschaftlich organisierten sozialen Beziehungen, die von Beziehungen abgelöst werden, die eher aus beruflichen Gründen entstehen. Als Modernisierung ist bei diesem Vorgang die Übernahme der früheren familiären/verwandtschaftlichen Leistungen durch andere Personen bzw. gesellschaftliche Institutionen zu verstehen. Damit ist eine Zunahme der gesamtgesellschaftlichen Anpassungsfähigkeit, der gesellschaftlichen Steuerungsfähigkeit sowie der Eigenständigkeit und Autonomie der Individuen gefordert. Differenzierung bezieht sich auf gesellschaftliche Teilsysteme, die sich auf die Übernahme früherer sozialer, familiärer Leistungen spezialisieren, z.B. Fürsorgeeinrichtungen, Kindergärten, Krankenhäuser oder Hospize.

Es gibt nur wenige empirische soziologische Untersuchungen, keine allgemein akzeptierten Theorien und nur vereinzelte Informationen über das Wissen verschiedener Bevölkerungsschichten zur Sterbehilfe. Wenn Aussagen existieren, dann in der Regel nicht von Betroffenen. Eine repräsentative Bevölkerungsbefragung hat ergeben, dass eine Mehrheit der Bürgerinnen und Bürger für die Selbstbestimmung beim Sterben votiert[4]. Allerdings findet dieses Votum bisher verhältnismäßig wenig Berücksichtigung bei der Formulierung allgemeiner Leitbilder für den Umgang mit dem Sterben und dem Tod.

Der Soziologe Norbert Elias[5] wies auf die Effekte aus den durch die moderne Zivilisationsentwicklung resultierenden individualisierten Sterbeabläufen hin und bezeichnete sie als Entsozialisierungsprozesse. Er antizipierte daraus für den Verabschiedungsprozess, der früher in die Sozialität der Familie eingebunden war, eine wachsende Vereinsamung. Das ist auch bei der Aufnahme in ein Krankenhaus oder ein Alten- und Pflegeheim der Fall, da diese Einrichtungen selten in der Lage sind, Sterbende zu begleiten. Die Möglichkeiten, innerhalb verschiedener Institutionen Personen zu finden, die aufgrund ihrer Qualifikation oder ihres Selbstverständnisses eine Sterbebegleitung vornehmen können, sind bedauerlicherweise sehr rar. Dieser sichtbare und spürbare Mangel hat selbst bei dem Thema Sterbehilfe noch keine Lobby gefunden.

Verselbständigung ist eine Folge von Differenzierung, wenn die spezialisierten Teilsysteme ihre eigenen Regeln herausbilden, aber keine „Stop-Regeln" mehr haben im Sinne, „hier ist es genug".
Individualisierung ist die Folge einer Herauslösung von Menschen aus den Sozialstrukturen einer Gesellschaft und bedeutet letztlich die Abwälzung gesellschaftlich organisierter Integrationsansprüche auf Individuen, die damit zusätzliche Leistungen erbringen müssen.

4 „Anders als die Sprecher von Ärzteverbänden, Kirchen und Parteien steht (.....) die Mehrheit der deutschen Bevölkerung der Forderung, unheilbar schwerstkranken Menschen aktiv Sterbehilfe zu gewähren, positiv gegenüber. 64 Prozent der Westdeutschen und sogar 80 Prozent der Ostdeutschen stimmten in einer aktuellen Umfrage des Instituts für Demoskopie Allensbach dem Standpunkt zu: "Ein schwerkranker Patient im Krankenhaus soll das Recht haben, den Tod zu wählen und zu verlangen, dass der Arzt ihm eine todbringende Spritze gibt. 19 Prozent im Westen und 6 Prozent in den neuen Bundesländern lehnten eine solche Forderung ab" (*Allensbacher* Bericht 2001/9, Mehrheit für aktive Sterbehilfe, 2094 Befragte, Februar/März 2001, Internet: http://www.ifd-allensbach.de/news/prd_0109.html).

5 *Elias, N.*; Über die Einsamkeit der Sterbenden / Humana conditio, Suhrkamp, Frankfurt 2002.

Die Erfolge der medizinischen Entwicklung tabuisieren das Sterben und den bewussten Umgang damit. Je manipulierbarer das menschliche Leben wird, um so mehr wächst auch die Erwartung eines manipulierbaren langen Lebens. Hierfür haben sich aber keine sozialen Strukturen entwickelt, welche auf der Grundlage von gesellschaftlicher Gerechtigkeit schichten- und klassenübergreifend wirken könnten. Die Probleme innerhalb des Gesundheits- und Pflegewesen sprechen eine deutliche Sprache, vor allem hinsichtlich der Generationenzuständigkeiten.

In der modernen Gesellschaft verändert sich die Bedeutung der Familie als primäre Bezugsgruppe. Teilweise lösen sich die Familien auf, oft entstehen Single-Verhältnisse, die auf eher losen Beziehungen beruhen. Da soziale Beziehungen unter diesen Umständen zunehmend aus der früheren Sozialität und Eingebundenheit der Familie ausgegrenzt werden, sind viele Menschen motiviert, sich ihre eigenen Strategien und Wege zu suchen und dies oft in der Perspektive von Autonomie und Selbstbestimmung. Dies erscheint als eine Strategie der Befreiung von Entwicklungen des Systems, in dem soziale Integrationsfähigkeit zugunsten einer Modernisierung aufgegeben wird, in der technisch-organisatorische Kompetenz wichtiger ist als soziale. Dies gilt nicht nur für den Alltag des Lebens, sondern besonders auch für das Ende des Lebens.

Selbstbestimmung und Autonomie[6] sind Schlüsselbegriffe im öffentlichen Diskurs um das Sterben. Eine fortschrittliche Position holländischer reformierter Sterbehilfe-Theologen ist darauf begründet, dass der Mensch aufgrund seiner Würde Anspruch auf einen Tod gemäß seiner Selbstbestimmung hat. Menschen dürfen Euthanasie dann ausüben, wenn sie es aus Barmherzigkeit an darum freiwillig und selbstbewußt bittenden Patienten tun.

Die kontroverse theologische Position bezieht sich auf den Wert des menschlichen Lebens, über den niemand befinden darf, auch dann nicht, wenn es sich um das eigene Leben handelt. Diese Position basiert auf der Auffassung, dass niemand nur für sich alleine lebt und auch nicht weiß, welche Bedeutung er in seinem Leben hat und welche für seine Mitmen-

---

[6] Autonome Personen sind Handelnde, die persönliche Projekte verfolgen, Beziehungen entwickeln und Verpflichtungen gegenüber Zielen akzeptieren können, durch die ihre persönliche Integrität und ihre Vorstellung von Würde und Selbstachtung konkretisiert werden und die Bedeutung haben für die Art des Lebens, welche die Betreffenden für lebenswert halten. In diesem Sinn sind autonom Handelnde die Mitschöpfer ihrer moralischen Welt (vgl. *Neumann, U.*; Deontologische und teleologische Positionen in der rechtlichen und moralischen Beurteilung von Sterbehilfe und Suizidteilnahme, in: *Jung, H.; Müller-Dietz, H.; Neumann, U.*; Hrg.; Recht und Moral. Beiträge zu einer Standortbestimmung. Nomos, 1991, Baden-Baden).

schen. Aus dieser Ungewissheit heraus wird diese Bestimmung an Gott delegiert.

Die Kontroverse reflektiert polemische und ideologische Auffassungen. Es bleibt das Argument einer Glaubensfrage, die sich in der Auseinandersetzung zwischen einem Philosophen und einem katholischen Bischof widerspiegelt.

Der Philosoph tritt für eine individuell verantwortete Ermächtigung für die Sterbehilfe ein und meint: „Ein generelles Verbot (der aktiven Sterbehilfe, d.V.) kann man mit Rücksicht auf die Leiden des Einzelnen moralisch nicht begründen. Eine allgemeine gesetzliche Freigabe, die sich nur auf den gesundheitlichen Zustand, nicht aber auf den Willen des Kranken und nicht zugleich auf die Urteilskraft des Arztes stützte, wäre mit der Würde des Menschen unvereinbar“[7]. Daraus wird eine Festlegung von Faktoren entwickelt, die dem Arzt Wege eröffnen, nach dem eindeutig formulierten Willen eines Todkranken zu handeln, „wenn es sein ärztliches Urteil erlaubt und wenn sein Gewissen dem nicht entgegensteht.“ Demnach hat die Ethik der individuellen Verantwortung Vorrang vor einem grundsätzlichen, für alle Menschen geltenden Grund für oder gegen die Sterbehilfe.

Der Bischof formuliert dagegen die These, „aktive Sterbehilfe widerspricht humanem Sterben und verdient diesen Namen nicht. Sie hilft dem sterbenden Menschen nicht beim Sterben, sondern führt seinen Tod herbei"[8]. Es wird darauf rekurriert, dass der Sterbewillige in einem antagonistischen Widerspruch befangen ist, der in der Würde als Ausdruck der Selbstakzeptanz steckt. „Wer sich selbst um seiner selbst willen bejaht, muss auch die eigene Existenz wollen. Insofern kann nicht von einem Recht auf Selbsttötung im Namen der Freiheit und Menschenwürde gesprochen werden, woraus folgt, es gibt weder ein moralisches Recht sich selbst zu töten, noch eine moralische Pflicht, einem Todeswilligen dabei zu helfen“[9].

Diese Position ist notwendigerweise an das Postulat gebunden, dass über das Leben der Menschen „von einer Instanz zum Tode verfügt (ist), die sich menschlicher Verfügung entzieht, ohne dass man damit den faktischen Tod aus christlicher Sicht notwendig immer als unmittelbare Fügung

---

[7] *Gerhard, V.*; Letzte Hilfe; in: Frankfurter Allgemeine Zeitung vom 19.9.2003,S.8.

[8] *Kamphaus, F.*, Die Kunst des Sterbens; in: Frankfurter Allgemeine Zeitung vom 30.9.2003, S. 8.

[9] Ebenda.

Gottes deuten müsste“[10]. Die Konstruktion schließt das „Todesgeschick“ als unabwendbares Ereignis in einem Lebenslauf ein, als „Naturverhängnis“ oder auch als „Fügung Gottes“, in dem betont wird, “dass über das Leben eines Menschen notwendig verfügt ist und dass jeder weitere Versuch, gegen diese Verfügung anzukämpfen, einer Verleugnung der Unausweichlichkeit des Todes gleichkäme und zudem dem Menschen oft mehr Leiden durch Menschenhand zufügen würde als ihm zu helfen. Ein solches Geschehenlassen des Sterbens darf nicht zugleich bedeuten, dass man den Menschen aufgibt, sondern es fordert dazu heraus, (....) alle Möglichkeiten, dem Leben zu dienen und das Leiden im Sterben zu erleichtern, zu intensivieren, ohne das Leben anzutasten (Palliativmaßnahmen)"[11].

Beide Positionen lehnen eine aktive Sterbehilfe ab und müssen zwangsläufig die häufig vorliegenden realen Situationen negieren, in denen wegen der strukturellen Bedingungen des Gesundheitswesens eine intensive Befassung mit den individuellen Sterbeumständen bei allein sterbenden Menschen nicht möglich ist. Insofern ist das auch in der Eschatologie der christlichen Religionen verankerte Gleichheitsgebot durch die praktischen Umstände in Frage gestellt. Als Konsequenz dieses Widerspruches folgt die Tabuisierung der aktiven Sterbehilfe als eine strategische Festlegung gegenüber einer Lebenseinstellung, die für das selbstbestimmende Individuum auch die ungeschmälerte Entscheidung über das eigene Leben fordert.

Das Thema Sterbehilfe ist in Deutschland stark normativ bestimmt, was auf die nationalsozialistischen Euthanasieverbrechen zurückzuführen ist. Einerseits müssen diese Verbrechen als immerwährender Hinweis auf die gesellschaftlich zu verantwortenden Gräuel und als Warnung im Bewußtsein gehalten werden[12]. Andererseits ist diese normative Fixierung auch ein

[10] *Eibach, U.*, Aktive Sterbehilfe und Menschenwürde – eine theologisch-ethische Auseinandersetzung mit philosophischen Argumentationen für eine Tötung auf Verlangen, in: Beiträge zur Thanalogie, Heft 21, 2000, Johannes-Gutenberg-Universität Mainz, Interdisziplinärer Arbeitskreis Thanatologie, Mainz 2000, S. 8.

[11] Ebenda.

[12] Die Euthanasiediskussion begann in Deutschland im ersten Drittel des 20.Jahrhunderts. Sie legte die ideologische Grundlage für die Tötung behinderter Menschen im “Dritten Reich“. Ihr Ausgangspunkt besteht in der Aussage, “dass der Mensch den Wert eines zu schätzenden Rechtsguts in dem Maße verliert, in dem sein Leben für das Gemeinwesen zur dauernden Last wird. Eine Vernichtung solcher ‚Ballastexistenzen der Gesellschaft' sei insbesondere dann angezeigt, wenn es sich nur noch um ein ‚Dahinvegetieren' ‚leerer Menschenhülsen' handele. Zudem stelle der ‚Gnadentod' für sie eine Erlösung dar. Es komme darauf an, die ohnehin begrenzten finanziellen Ressour-

Instrument zur Bewahrung der Deutungsmacht gesellschaftlicher Eliten[13], die ihre gesellschaftlichen Positionen mit ihren traditionellen sozialen oder politischen Rollen legitimieren und damit ihren inhärenten Herrschaftsanspruch absichern.

Doch die moderne internationale Sterbehilfediskussion geht über die Disziplingrenzen der Theologie, Medizin oder Philosophie hinweg und wird durch den sozialen Wertewandel beeinflusst, der sich in unterschiedlichen Lebensstilen und Normen ausdrückt. Hier beginnt der Widerspruch zwischen den Disziplinen und den säkularisierten Bürgern, die sich an den neuen Anforderungen der Gesellschaft orientieren. Neue Technologien, Produktions- und Organisationsmethoden erfordern neue Qualifikationen, deren Erwerb zusätzliches Wissen schafft und parallel ändern sich die Anforderungsprofile hinsichtlich der Verantwortungsübernahme, Selbständigkeit, Kreativität und Kooperation. Unterschiedliche Lebensstile die ihren Ausdruck z.B. in einer Zunahme von Single-Haushalten oder in einer Abnahme der Geburtenzahlen finden, ändern die Identifizierung mit der Gesellschaft und Umwelt. Diese Faktoren sind Grundsteine für die Entstehung von Selbstbestimmung und Autonomie.

Für den Sterbeprozess entsteht daraus eine widersprüchliche Situation. Einerseits fördern Technologieentwicklungen durch ihre Anwendungsmöglichkeiten im Gesundheits- und Lebenserhaltungsprozess wünschenswerte Resultate bezüglich der Genesung und der Linderung von Leiden, andererseits entstehen nicht-intendierte, teilweise unkontrollierbare Effekte, die durch ihr Bedrohungspotenzial Angst erzeugen. Als Beispiel kann dafür die Absaugung von Wasser aus der Lunge eines Sterbenden sein, das sich aufgrund mangelnder Herztätigkeit dort angesammelt hat; es ist ein sehr quälender und schmerzhafter Vorgang, in dem die Betroffenen mit einer Technologie konfrontiert werden, bei der sie über Nutzen und Wirkung nicht mitreden können. Auch außerhalb der direkten Lebensbeeinflussung gibt es Vorgänge, die Verunsicherung und Angst erzeugen können. Beispiele hierfür sind Nahrungs- oder Arzneimittelskandale, SARS, BSE, AIDS. Für diese Ereignisse gibt es oft keine direkt Verantwortlichen, so dass auch die Schuldzuweisung schwierig ist. Werden Verantwortliche i-

cen nicht in ihr elendes Dasein zu vergeuden, sie vielmehr auf diejenigen zu konzentrieren, die im Sinne gesellschaftlich wünschenswerter und nützlicher Ziele rehabilitierbar seien, ein Argument, mit dem später viele der an den Verbrechen der Medizin im NS-Staat beteiligten Ärzte ihr Tun vor Gerichten rechtfertigten" (*Eibach, U.*, a.a.O.).

13 Eine Elite im soziologischen Sinn versteht sich regelmäßig selbst als eine Auswahl der Besten und verbindet damit den Anspruch auf Meinungsführung, Privilegien und Stilbildung.

dentifiziert, ist die Anwendung ausreichend befriedigender Sanktionsmöglichkeiten häufig sehr schwierig. Der Kontrollverlust wird als Bedrohung erlebt.

Die daraus resultierende Verunsicherung verstärkt die Motivation für eine Rückgewinnung der Selbst- bzw. der Mitbestimmung, verbunden mit dem Abbau des mit der Technologieentwicklung einher gehenden individuellen Kontrollverlustes. Da auch das Vertrauen in die Verantwortlichkeit Anderer abnimmt, wächst die Bereitschaft und der Wunsch, größere Autonomie über ihre eigenen Lebensentscheidungen zu gewinnen und diese in ihrer Tragweite wichtigen Entscheidungen nicht anderen zu überlassen. Aus diesem Grunde stellen sich viele Menschen die persönliche Frage, ob sie entweder dem Arzt, der Kirche oder dem Politiker vertrauen können.

Die große Verunsicherung beim Thema Sterbehilfe beruht u.a. auf der Vielfalt der zur Verfügung stehenden modernen Lebenserhaltungssysteme, die dem medizinischen Personal ermöglichen, in einem zwar zunehmenden, dennoch zum jetzigen Zeitpunkt noch begrenzten Rahmen über das Leben oder Sterben zu entscheiden. Wir erleben eine zunehmende Säkularisierung des Sterbens und dies verändert den Sterbeprozess, bei dem es nicht um Mitleid und Altruismus geht, sondern man verabschiedet sich von Menschen, mit denen man ein Leben gemeinsam gelebt hat. Nicht ohne Begleitung sterben müssen oder jemand sterben lassen ist ein sozialer Prozess, der heute oft als technischer Prozess erscheint. Damit kann die Technologie gegen bestehendes Menschenrecht ausgespielt werden, das u.a. in der Forderung der Weltgesundheitsorganisation (WHO) als Recht auf Wohlbefinden ausgedrückt ist, das nicht nur die Abwesenheit von Krankheit umfasst. Im weiteren Sinn kann „gutes Sterben" auch als Zustand des Wohlbefindens gesehen werden. Wohlbefinden beinhaltet in diesem Sinne auch funktionierende soziale Beziehungen.

Ideologien haben unterschiedliche Typen des „guten Sterbens" zur Folge. Das aus heiligen und geistigen Mythen geleitete Sterben setzt auf den Übergang des Sterbenden in das Ewige, in dem unbeschwert weitergelebt werden darf. Dies ist begründet aus der Auffassung, dass das Individuum von Außen, von Gott gesteuert, weder Autonomie noch Selbstbestimmung reklamieren noch entwickeln kann. Wenn dies akzeptiert wird, erhält man das als wunderbar propagierte Paradies.

Das medizinische Sterben orientiert sich an den Erwartungen des Sterbenden und der Angehörigen an einen möglichst perfekt ablaufenden Prozess der Schmerzkontrolle, der Leiden für den Sterbenden erspart und den Angehörigen das Gefühl vermittelt, alles für den Sterbenden getan zu haben.

Das natürliche Sterben ist darauf ausgerichtet, die technologisch-medizinischen Möglichkeiten nur insoweit einzusetzen, als dies den subjektiv für natürlich gehaltenen Sterbeabläufen nicht widerspricht oder man nicht medizinisch behandelt werden will und deshalb eine Behandlung unterbleibt. Natürliches Sterben ist auch der plötzliche Tod[14].

Das soziale Sterben ist der Abschied von der Bezugsgruppe und der Gesellschaft, in der man gut oder schlecht gelebt hat. Zur Definition dessen, was man allgemein als gutes Leben bezeichnet, gehört die Qualität dieses Bezuges zur sozialen Gruppe. Hier finden die Interaktionen zwischen dem Individuum, seiner Bezugsgruppe und der Gesellschaft statt und die Qualität dieser Interaktionen bestimmt weitgehend, ob das Leben gut ist. Das gleiche gilt auch für das Sterben. Der Thanatologe *Feldmann* analysiert was gemeinhin als „gutes Sterben" apostrophiert wird, nämlich „zentral für moderne Todeskonzeptionen ist die Vorstellung vom idealen Lebenslauf. Je nach dem Grad der Vollendung dieses Lebenslaufes wird auch der Tod in seiner Güte bestimmt. Ein frühzeitiger Tod wird als stark abweichend und für alle Betroffenen als belastend empfunden. Der gute Tod findet heute in hohem Alter und unter medizinischer Überwachung statt. Wer dem medizinischen System ausweicht und sich nicht behandeln läßt oder gar Suizid begeht, wird als abweichend angesehen"[15].

Das Sterben geschieht unter Einfluss des emotionalen und sozialen Umfelds des Sterbenden, den noch gelebten Bindungen an die Familie oder anderer Bezugs- und Beziehungspersonen, der Abhängigkeit vom Urteil und von den Verhaltenssignalen des medizinischen Personals und der Einstellung des Sterbenden zum eigenen Tod in dem Gefühl, noch nicht alles geordnet oder endgültig erledigt zu haben. Das Umfeld kann den Sterbenden dazu drängen, seinen Lebenswillen zu mobilisieren und einen bedingungslosen Kampf gegen den Tod zu akzeptieren. *Feldmann* nennt dies „instrumentellen Aktivismus"[16], der von dem Sterbenden erwartet wird. Der Sterbende soll soweit als möglich aktiv bleiben, wenn das Sterben gut sein soll. Selbst wenn Aktivitäten kaum mehr möglich sind, spielt diese Erwartung eine Rolle, denn es gibt das Phänomen der „sozialen Erwünschtheit"[17], das die Zwangssituation für viele Schwerkranke oder Ster-

[14] Vgl. *Bradbury, M.*, Representations of Death. A Social Psychological Perspective; London, Routledge, 1999, S.146 ff.

[15] *Feldmann, K.*, Aktive Sterbehilfe: soziologische Analysen; Internet: http://www.erz.uni-hannover.de/ ~feldmann/feldmann_sterbehilfe.pdf; S.4.

[16] Ebenda.

[17] Soziale Erwünschtheit (social desirability) ist ein Begriff aus der sozialwissenschaftlichen Methodenlehre. Er beschreibt den Umstand, dass Menschen gegenüber anderen so erscheinen wollen, wie sie annehmen, dass der andere dies so erwartet.

bende verschärft, wenn sie glauben, sich den Anforderungen der Angehörigen oder des Pflegepersonals unterwerfen zu müssen.

Der beschleunigte medizinisch-technische Wandel nährt die Hoffnung auf potenzielle Unsterblichkeit, weshalb es immer schwieriger wird, eine endgültige optionslose allgemeine physische Sterbesituation zu definieren. In amerikanischen Studien zum Krankenhaus als Sterbeort wird herausgestellt, welche Rolle die Definitionsmacht des Mediziners spielt[18]. Der Mediziner ist derjenige, dem die letzte Verantwortung zugeordnet wird. Dies konstituiert Macht, die sich nicht nur in der Stellung des Mediziners gegenüber dem Kranken und Sterbenden ausdrückt, sondern die auch das Kollektiv der Mediziner als institutionalisierte gesellschaftliche Kraft und Lobby in der Definition des „guten" oder „schlechten" Sterbeprozesses stärkt.

In diesem Zusammenhang soll kurz auf die Wert- und Interessenkonflikte in der Gesellschaft und im medizinischen System eingegangen werden. Im medizinischen System sollte die Rolle des Sterbenden von der Rolle des Patienten abgegrenzt werden. Agiert hingegen wird faktisch so, dass auch als Patienten eingestufte Personen mit Sterbewunsch als Kranke zu betrachten sind, die behandelt werden müssen. Ein selbstgesteuertes Sterben könnte nach dieser medizinisch-psychologischen Diktion bestenfalls einem Gesunden zugestanden werden, der Sterben jedoch definitionsmäßig nicht wünschen kann, mit Ausnahme von Personen, die den Freitod wählen. Daraus ergibt sich ein Dilemma für Personen, die sterben wollen, wenn sie im medizinischen System verweilen und vom professionellen Personal abhängig sind.

Die familiäre und häusliche Pflege steht immer weniger als Option zu Verfügung. Aus diesen Umständen hat sich dieses Dilemma nicht nur qualitativ, sondern auch quantitativ zugespitzt. Es gibt Druck auf Institutionen des Gesundheitswesens, sich den Ansprüchen der Sterbenden zu öffnen, weil die Individualisierung in der Krankenhaussphäre eine verstärkte psychologische Zuwendung erfordert.

Es wird aus ökonomischen und legitimatorischen Gründen zu einer Aufhebung der bisherigen Barrieren kommen, denn die Mittel zur Erhaltung und Manipulation von Körperfunktionen werden immer differenzierter, multidimensionaler und von externen Ressourcen abhängiger und somit teurer. Da es Unterschiede bei den Wünschen und Auffassungen über das „gute Sterben" gibt, wird ein allgemein gültiges Kriterium gefunden werden müssen, wobei es aber auch möglich ist, dass aus Gründen der Dif-

---

[18] *Glaser, B.G.; Strauss, A.L.*, Awareness of Dying, Hawthorne, Aldine, 1965 sowie drs. Time for Dying, Aldine, 1968.

ferenzierung der Wünsche ein solches Kriterium gar nicht gefunden werden kann.

Es ist der ökonomische Aspekt, der – so ist zu befürchten - ein ökonomisch differenziertes Sterben bewirkt. Diejenigen, deren ökonomischer Hintergrund eher bescheiden ist, werden weniger aufwendig betreut. Ihre Option, selbstbestimmt zu sterben, ist geringer; sie werden aber auch wegen des vorhandenen größeren sozialen Druckes, der durch finanzielle und pflegerische Aufwendungen der Angehörigen entsteht, möglicherweise weniger auf eine Lebensverlängerung drängen.

Andere mit besserem ökonomischen Hintergrund, die mit größerer Wahrscheinlichkeit auch autonomere und selbstbestimmtere Haltungen entwickeln konnten, werden verstärkt lebenserhaltende Systeme angeboten bekommen. Der Zwang zur Finanzierung dieser Systeme stärkt die Motivation der Institutionen, solchen Personen diese Dienstleistungen aufzunötigen. Dies fördert eine Entwicklung, in der an die Stelle des „natürlichen Sterbens" ein „sozio-technisches" Sterben tritt.

Folglich muss das medizinische Personal anhand von Kriterien über Leben oder Tod entscheiden, die schwer zu legitimieren und oft durch Zufälle bestimmt sind: Eine Untersuchung zeigt, dass diese Entscheidungen als individuelle des Arztes erscheinen, in Wirklichkeit jedoch gesellschaftliche sind, die sich aus den sozialen Strukturen zwischen den beteiligten Personen und ihrer Rollen ergeben[19] und weniger aufgrund einer „medizinischen Ethik". Somit entsteht u.U. ungeplant in diesem sozialen Prozessverlauf „aktive Sterbehilfe", in deren Entscheidungsfolge die medizinisch-technischen Entwicklung und zwar aus ökonomischen Gründen den Ausschlag gibt.

Langes Sterben läuft nicht einher mit den existierenden Gesundheitsprogrammen und könnte zu teuer werden. Dies muss verschleiert oder uminterpretiert werden. Nahe liegt dazu die Entwicklung einer „Mitleidsargumentation". Die Entscheidenden werden versuchen, „Mitleid" als moralisch-ethische Kategorie anzuführen. „Mitleid" ist jedoch keine akzeptable Kategorie für Sterbehilfe, weil sie im Widerspruch zum Recht auf Selbstbestimmung des Sterbenden steht[20].

---

[19] Vgl. *Anspach, R.*, Deciding Who Lives; Fateful Choices in an Intensive-Care Nursery, Berkeley, Univ. of California Press, 1993.

[20] „In jedem Fall aber liegt die mögliche Legitimation der aktiven Sterbehilfe bei entscheidungsfähigen Patienten ausschließlich in der autonomen Disposition des Patienten über sein Leben, und nicht in der Motivlage des helfenden Dritten, ggf. des Arztes. Auch Mitleid als Handlungsgrund hat selbst keinerlei rechtfertigende Kraft. Der Krankenschwester, die 1985 in Deutschland fünf Patienten im Alter zwischen 67 und 82 Jahren durch Injektionen tötete, be-

Wenn „Mitleid" keine brauchbare Kategorie für die Entscheidung zur Sterbehilfe ist, sollte ein neues zu überdenkendes und für alle tragbares Konzept eine Chance haben. Es könnte sich dabei um ein Solidaritätskonzept handeln, mit dem der Sterbende vor dem technomorphen Ansatz der Willkürlichkeit geschützt wird. Es handelte sich dabei um den Ansatz einer Solidarität mit betroffenen Menschen, die nicht allein das Leben schützt, sondern auch die Menschenwürde und sie wäre eine Antwort auf die sich zuspitzende Differenzierung zwischen Gruppen und ihrer materiellen Situation.

Der Rechtsphilosoph *Strasser* stellt dazu folgende Überlegungen an. „Solidarität ist nichts, was typisch wäre für menschliche Gemeinschaften, sobald sie eine bestimmte Größe überschreiten. Es gibt auf der Ebene von Familien und kleineren Gruppen, wo jeder jeden kennt, starke Gefühle des Zusammenhalts. Auf dieser Ebene gibt es auch genügend Altruismus, d.h. die Tendenz, seine eigenen Interessen im Notfall denen der anderen zu opfern. Doch mit dem zahlenmäßigen Großwerden der Kollektive stellt sich Anonymität in den Beziehungen ein. Das bedeutet, dass der andere immer öfter zum Fremden wird"[21]. Ein solches Solidaritätskonzept könnte sich auf die Akzeptierung und Respektierung des anderen, auch des Fremden beziehen, „der sich nicht in einer Ausnahmesituation befindet, sondern in einem Prozess, in dem Beistand vonnöten ist. Dann sind auch Altruismus und Mitleid brauchbare Kriterien für Entscheidungen ohne ideologisierte oder religiöse Begründungen", denn es „wäre falsch zu sagen, dass die fortschreitende Säkularisierung aller Lebensbereiche tief verwurzelte Gefühle wie Altruismus oder Mitleid einfach auslöschen könnte. (...) Unsere Gesellschaften sind in hohem Maß prinzipiengeleitet. Unsere Rechtsordnungen haben wichtige Bestandteile des alten Naturrechts in Form der Menschenrechte festgeschrieben, welche bereits ihrerseits eine Art Solidaritätspakt einschließen. Freilich besteht dieses überwiegend aus Abwehrrechten gegen die Verletzung individueller Freiheiten, und soweit es dar-

scheinigte auch der Bundesgerichtshof das Motiv "Mitleid" und verurteilte sie dennoch und richtigerweise wegen mehrfachen Totschlags. Denn keiner der von ihr 'erlösten' Patienten wollte sterben" (*Gutmann, T.*, Der eigene Tod - Die Selbstbestimmung des Patienten und der Schutz des Lebens in ethischer und rechtlicher Dimension; Internet: http://www.medizin-ethik.ch/publik/der_eigene_tod.htm). „In oberflächlich vorhandener Mitleidsmotivation", so das Gericht, könne sich sogar "Feindseligkeit gegenüber dem Lebensrecht Schwerstkranker offenbaren." (vgl. Bundesgerichtshof (1991) Entscheidungen, Band 37, S. 376 ff.).

21 *Strasser, P.*, Das Ende der Solidarität, Bemerkungen zum Umgang mit Außenseitern um die Jahrtausendwende, in: Recht und Psychiatrie 2/2001, Psychiatrie Verlag, S. 63.

über hinausgehende Zuwendungspflichten enthält, handelt es sich dabei um extrem formale und interpretationsbedürftige Normen, wie z.B. jener, wonach niemand würdelos behandelt oder zu einer würdelosen Existenz gezwungen werden darf"[22].

Das niederländische Konzept zur Sterbehilfe verfolgt diesen Ansatz und er ist sehr pragmatisch formuliert. Faktisch kann jeder Sterbende nach bestimmten Regeln sanktionsfrei Sterbehilfe bekommen. Dies unterscheidet sich gravierend von der deutschen Situation.

In den Niederlanden ist die Herangehensweise geprägt von der protestantischen Tradition der Aufklärung, den frühen Verbindungen zu Kolonien, den internationalen Handelsbeziehungen und später der Öffnung des Landes gegenüber Fremden. Dies förderte ein liberales, pragmatisch orientiertes Klima, in dem sich Modernisierungsprozesse besser entwickeln konnten als dies in Deutschland der Fall ist. Dies ist auch Grund dafür, dass sich diese Prozesse weniger in Verhinderungsstrategien niederschlagen, sondern stärker in Anpassungsstrategien. Dies zeigt sich z.B. auch in der Befassung mit der Abtreibungsdiskussion der letzten 20 Jahre und deren praktischer Umsetzung, sowie bei den Regeln, wie mit Betäubungsmitteln umzugehen ist.

In Deutschland war es den bislang involvierten Akteuren nicht möglich, das bestehende Dilemma zwischen den ideologischen Ansprüchen ihrer Institutionen und den praktischen Herausforderungen der Bürger lösen zu können, weshalb die Auseinandersetzung um die Deutungsmacht für den Sterbevorgang so wichtig für sie ist.

Aktive Sterbehilfe, Suizid und Abtreibung sind soziale Probleme, die von gesellschaftlichen Gruppen kontrovers beurteilt werden und deren gesetzliche Verallgemeinerungen umstritten bleiben. Durch strafandrohende Gesetze über aktive Sterbehilfe oder Suizid werden bestimmte Sichtweisen gegenüber anderen privilegiert, ohne dass die Betroffenen bisher dazu Mitspracherechte haben. Es ist deshalb sowohl aus demokratietheoretischen Gründen als auch wegen der legitimatorischen Anforderungen dringend erforderlich, die Bürger in den Diskurs einzubeziehen.

Moderne Gesellschaften werden im Normalfall durch Handlungen Einzelner nicht beeinflusst, schon gar nicht von Handlungen alter, sterbender oder ausgegrenzter Menschen. Dennoch sind moderne Gesellschaften mit disparaten Handlungen konfrontiert, die wegen der Vulnerabilität[23] der ge-

---

[22] Ebenda.

[23] Unter Vulnerabilität versteht man die "Verletzlichkeit" komplexer und hochorganisierter Systeme und Strukturen (vgl. *Schluchter, W.*, Vulnerabilität – interdisziplinär, in: *Tetzlaff, G.; Trautmann, T.; Radtke, K.S.* (Hrsg.) Extreme Naturereignisse – Folgen, Vorsorge, Werkzeuge, Bonn/Leipzig 2002.

sellschaftlichen Organisation und Struktur gravierende Effekte mit sich bringen können, die Unsicherheit und Angst auslösen. Angst lähmt die eigene Handlungsfähigkeit, welche wiederum Grundlage für Autonomie und Selbstbestimmung ist. Wer gegen die Entwicklung von Autonomie und Selbstbestimmung ist, erzeugt Angst. Er muss Angst in sein strategisches Konzept integrieren. Wer für autonomes und selbstbestimmtes Handeln ist, sollte und müsste die Angst bekämpfen.

In diesem Spannungsfeld verläuft die Auseinandersetzung um die Sterbehilfe. In dieser Auseinandersetzung geht es um nicht weniger als um die Ausrichtung eines laufenden Modernisierungsprozesses in Deutschland.

Die Frage ist, ob dieser die Richtung beibehalten soll, in der der Deutungsmacht bisheriger Eliten gefolgt wird oder ob neue Deutungen gefunden werden, nach denen die Menschen autonom und selbstbestimmt in ihrem Kollektiv agieren.

Autonomie und Selbstbestimmung sind die Grundlagen für entwickelte demokratische Verhältnisse. Insofern signalisiert das Beharren interessierter Gruppen an der Tabuisierung der Sterbehilfe und ihre explizite Ablehnung ein vitales Interesse an der Aufrechterhaltung ihrer bisherigen Deutungsmacht. Die strategische Absicht ist die Verhinderung der Habilitation des autonomen Individuums als gesellschaftlicher Akteur. In der Strategie der Verhinderung, die ein nicht nur in die Tiefe des Raumes, sondern auch in die Dauer der Zeit hinein angelegtes Projekt markiert, eine Form langfristigen wie weiträumigen Planens, in dem mögliche Reaktionen der Gegenseite immer schon mitgedacht werden, wird erkennbar, dass es sich um einen Kampf der Interessenwahrung handelt.

Es geht um die Macht über Leben und Tod für die ideologisch traditionell die Kirche, und die Religion zuständig waren und materiell und physisch der Staat, der zu seiner Existenz die produktiven Staatsbürger benötigt[24]. Hinzu kommt als operatives Instrument die gesellschaftliche Stellung der Ärzteschaft, die nicht zuletzt durch die Verfügung über Leben und Tod konstituiert ist.

Dass die Menschen in unserer Gesellschaft bereit sind selbstbestimmter als bisher zu agieren, geht aus einer repräsentativen Befragung im Jahr 2000 hervor, zu der zwei bemerkenswerte Aussagen zur Forderung nach größerer Beteiligung an Entscheidungen und Mitsprache vorliegen. "Das Mitspracherecht der Arbeitnehmer an ihrem Arbeitsplatz muss sehr viel größer werden", befürworteten 72 % der Befragten, wobei insgesamt die Befürwortung bei Frauen (79 %) überdurchschnittlich hoch ist. Offensicht-

---

24 Am deutlichsten wird der staatliche Hohheitsanspruch bei der Finallösung der Todesstrafe oder an der Forderung des Staates bei der Wehrpflicht, die auch die Bereitschaft zum Sterben einschließt.

lich wollen die Befragten mehr Selbstbestimmtheit in ihrem Handeln verankert sehen und mitreden, wenn es um sie betreffende Angelegenheiten geht. Der Wunsch nach Autonomie und Selbstbestimmung läßt sich auch aus der Frage ableiten, "wenn man heute als Bürger politisch etwas erreichen will, muss man die Dinge selbst in die Hand nehmen", die von 80 % zustimmend beantwortet wurde[25].

Diese Antworten könnten so interpretiert werden, dass im gegenwärtigen Modernisierungsprozess individuelles Selbstbestimmungsrecht eingeklagt wird, weil den institutionalisierten traditionellen Steuerungssystemen nur noch geringe Funktionsfähigkeit unterstellt wird. Die Globalisierungsdebatte unterstreicht dieses Phänomen, da ihre Effekte und Steuerungsleistungen noch verwirrender und noch weniger veränderbar erscheinen. Das Interesse an Autonomie und Selbstbestimmung – so ist anzunehmen - ist gespeist aus dem Wunsch, die eigene Um- und Mitwelt gestalten zu können. Da ein gutes Leben nur möglich ist in gesellschaftlicher Verfasstheit, folgt daraus die Demokratieforderung, in der die Selbstbestimmung nicht auf normative Codes wie „Freiheit“, „Gleichheit“, „Gerechtigkeit“ beschränkt ist, sondern partikulare Interessen unterschiedlicher Akteure und Akteursgruppen artikuliert mit dem Ziel des guten Lebens[26]. Da “gutes Leben“ in der Gesellschaft durchaus unterschiedlich verteilt ist, auch wenn sich dies nicht mehr in historischer Form in deutlich abgrenzbaren Abhängigkeiten von Klassen, Gruppen oder Ständen differenziert, gibt es nach wie vor privilegierte, weniger privilegierte oder unterprivilegierte Gruppen[27].

---

25 "Deutschland im Wandel", gefördert vom Bundesverband Deutscher Banken, wurde im November 2000 von ipos (Mannheim) durchgeführt und im Deutschland-Trendbuch dokumentiert (vgl. *Korte, K.-R.; Weidenfeld, W.*, Hrsg.; Deutschland-TrendBuch, Opladen 2001, S. 675-711. Befragt wurde eine repräsentative Stichprobe von 1.502 wahlberechtigten Bundesbürgern aus Westdeutschland (79,9 %) und Ostdeutschland (20,1 %).

26 „Gewissermaßen als latente Nebenfolge des symbolischen Kampfes um Selbstbestimmung lässt sich beobachten, dass neue gesellschaftsrelevante Fragestellungen und Zielperspektiven sowie andersartige institutionelle Ordnungsvorstellungen und Organisationsprinzipien Eingang finden in das politische sowie in das soziokulturelle Feld der Gesellschaft. Diese Beobachtung führt schließlich zur Fragestellung, ob die pragmatisch gehandhabte Selbstbestimmung zu einem Indikator, bzw. sogar zu einem Steuerinstrument für einen dynamisch verlaufenden sozialen Wandel moderner Gesellschaften geworden ist.“ (*Krähnke, U.*, Selbstbestimmung in der Moderne; Internet: http:// www.tu-chemnitz.de/phil/soziologie/brock/ allgem.htm).

27 Vgl. *Vester, M.*, Schieflagen sozialer Gerechtigkeit, in: Gewerkschaftliche Monatshefte 8/2002; Internet: http://www.spw.de/129/schieflagen.php.

Dem modernen säkularisierten Menschen sind das Leben und sein Körper Instrumente für seine Zwecke, nicht mehr Eigentum Gottes, sondern persönliches Eigentum. In diesen Zusammenhang ist die Kontroverse um die Sterbehilfe zu stellen, weil sie den zentralen Punkt bei der Verfügung über Leben und Tod betrifft. Wer darüber bestimmen kann, hat die wirkliche Macht zu entscheiden, welche Entwicklungslinien und Leitbilder im weiteren Modernisierungs- und Zivilisationsprozess verankert werden. Es ist deshalb ein ausgeprägter ideologischer Kampf um die Deutungsmacht, der vor nicht allzu langer Zeit z.B. als Religionskrieg ausgetragen worden wäre[28].

Im Zivilisationsprozess in der Zeit nach der nationalsozialistischen Diktatur sind bis heute nicht alle, aber viele Fragen diskutiert worden, die mit den Euthanasieverbrechen in Verbindung stehen. Man kann davon ausgehen, dass dadurch ethische und moralische Auffassungen entwickelt und weitgehend gesellschaftlich akzeptiert wurden, die einen leichtfertigen Umgang mit dem Sterben ausschließen. Es ist deshalb nicht zu erwarten, dass der ideologisch begründete „Dammbruch" eintritt, nach dem willkürliche Tötungen auf die Tagesordnung kommen. Es gibt durchaus nachvollziehbare Hemmungen bei der aktiven Sterbehilfe und sie sind ein sinnvolles Korrektiv für Willkürhandlungen, die offen oder verdeckt ablaufen könnten. Man kann aber sicher sein: laufen sie offen ab, werden sie durch ein aufgeklärtes Umfeld beobachtet und kommentiert. Spielen sie sich verdeckt ab, müssen die Akteure gewärtig sein, dass sie sich ernsten gesellschaftlichen Sanktionen ausgesetzt sehen.

Da Tötungshandlungen nicht verhindert werden können, sollte der Diskurs darüber nicht abgeschlossen, sondern vielmehr aufrecht erhalten werden. Beendet werden sollte aber der Kampf um die Deutungsmacht. Dies kann geschehen, wenn dafür gesetzliche Grundlagen geschaffen werden. Wie sich daraus Leitbilder für den zukünftigen gesellschaftlichen Umgang mit dem Sterben entwickeln, bleibt abzuwarten. Solange es den Tod gibt, wird die Frage nach dem Umgang mit dem Sterben nicht erledigt sein. Sie sollte jedoch von jedem einzelnen selbst beantwortet werden können. Inso-

[28] „Was wahres Christentum sei, definierten die katholische, die lutherische und die reformierte Kirche je anders. Mit der Unbedingtheit, mit der die einzelnen Konfessionen sich als die Träger der einzigen Wahrheit verstanden, betrachteten sie die anderen Konfessionen, mitunter sogar Abweichler in den eigenen Reihen, als Häretiker, als Söhne und Töchter des Teufels, denen zu widerstehen und die auszutilgen Gottes Gebot sei. Damit kam eine enorme Aggression in die Konfessionalisierung, die sich in zahlreichen, zum großen Teil verheerenden Kriegen umsetzte" (*Schmidt, H.R.,* Absolutismus und Aufklärung - vom christlichen Fundamentalismus zum Vernunftglauben; Internet: http://www. hist.unibech/schmidt/veroeffh/chronik.htm).

fern ist hier auch die Frage nach einer plebiszitär gestützten Entscheidung von Interesse.

Anzustreben ist zunächst die Erfassung von Meinungen und Haltungen in der Bevölkerung, damit ein gesellschaftlicher Diskurs im Sinne von Selbstvergewisserung beginnen kann. Selbstvergewisserung ist eine notwendige Voraussetzung für die Meinungsbildung und so sind auch Analysen zum Stand des öffentlichen Bewußtseins zu Ethik und Moral notwendig und in die öffentliche Debatte einzubringen.

Es wurde ermittelt, dass eine Mehrheit der Bürger für die Legalisierung der aktiven Sterbehilfe eintritt[29]. Darin lehnten 20 % der Befragten die Vorgabe, „wenn ein Arzt einen todkranken Patienten auf dessen nachhaltigen Willen und Wunsch aktive Sterbehilfe leistet, dann ist das aus moralischen oder ethischen Gründen abzulehnen oder zu befürworten?“ die aktive Sterbehilfe ab, 68 % befürworteten sie und 12 % konnten sich nicht entscheiden.

Die Meinungsbasis zu Suizid und zu aktiver Sterbehilfe hat sich in den letzten Jahren vergrößert und dieser Prozess setzt sich weiter fort. Dies wird die öffentlichen Auseinandersetzungen zwischen „Lebensschützern“ und „Selbstbestimmungsbefürwortern“ verstärken.

Das Selbstbestimmungsrecht ist verfassungsrechtlich verankert, genauso wie das Recht auf Leben. Die öffentliche Auseinandersetzung um diese Frage wird die individuellen Entscheidungen beeinflussen, sie aber nicht ablösen von den Betroffenen.

Das Prinzip des Respekts vor der Autonomie von Personen gilt auch am Ende des Lebens. Autonome Personen haben ein zentrales Interesse daran, "ihren" Tod sterben zu können und so weit als möglich die Kontrolle über ihre letzte Lebensphase zu bewahren. Dieses Interesse ist so existentiell, dass es unmittelbar vom Anspruch einer Person auf Wahrung ihrer Menschenwürde geschützt wird[30].

In der Hospizbewegung wird versucht, eine soziale Situation herzustellen, in der Selbstbestimmung und Lebensverlängerung, allerdings unter Ausschluß aggressiver medizinischer Technologie, als Ansatz gilt.

Aus meiner Sicht stehen viele der für die Wahrung der Interessen der Kranken und Sterbenden erforderlichen sozialwissenschaftlichen Klärun-

---

[29] Deutsche Gesellschaft für Humanes Sterben (DGHS), Die Niederlande und Deutschland im Fokus der Meinungen, Humanes Leben – Humanes Sterben, Nr. 1/2001.

[30] Vgl. *Dworkin, R., Nagel, Th., Nozick, R., Rawls, J., Scanlon, Th., Thomson, J.*, Assisted suicide. The philosophers' brief, The New York Review of Books 5 (23.3.1997), p. 4147, 1997 und *Dworkin, R.*, Die Grenzen des Lebens. Abtreibung, Euthanasie und persönliche Freiheit, Rowohlt, Reinbek 1994.

gen noch aus. Erst recht gilt dies für die Untersuchungen der Entwicklung von Deutungsmacht über den Lebens- und Sterbeprozess und seine Interessenbasis. Immer aber sollte der Grundgedanke sein, dass es um Menschen und ihre Würde geht, nicht um Machtansprüche.

Die Sozialwissenschaften sollten verstärkt nach den Konsequenzen der Individualisierung für das Gesundheitswesen und für die Sozialsysteme fragen. Daraus könnte ein Ansatz für ein neues Solidaritätskonzept entstehen.

Das Entscheidende ist die Durchsetzung des Selbstbestimmungsrechtes der Bürger gegenüber staatlichen und institutionellen Interessen. Autonomie im Kollektiv ist das Ziel, als Grundlage gegen die strategische Absicht der Verhinderung der Habilitation des autonomen Individuums als gesellschaftlicher Akteur.

Wenn man die Fragestellung so sieht, bekommt der Begriff „Euthanasie" seine eigentliche Bedeutung, nämlich den Vorgang des „guten Sterbens". Seine Beurteilung ist unterschiedlichen Interessen unterworfen. „Kalos thanatos war für die Griechen (....) der Tod eines jungen Kriegers in der Schlacht"[31], wogegen das heutige Verständnis des Krieges eher gegensätzlich sein wird. Richtig ist aber, dass in allen Kulturen der Einsatz des Lebens für den Bestand der Gemeinschaft als ehrenvoll und verdienstvoll angesehen wurde. Für uns könnte dies im Rahmen eines Solidarkonzeptes heißen: autonome und selbstbestimmte Handlungs- und Entscheidungsmöglichkeiten, die auch die Sterbeentscheidung einschließen, stärken die Gesellschaft, weil sie ein gutes Leben und auch ein gutes Sterben nicht nur verspricht, sondern auch ermöglicht. Es scheint so, dass die Bürger in dieser Frage weit moderner sind, als die ihren traditionellen Interessen verpflichteten Eliten mit ihren daraus resultierenden Ansprüchen auf Deutungsmacht.

---

31 *Feldmann, K.*, Tod und Gesellschaft. Eine soziologische Betrachtung vom Sterben und Tod, Bern/ Frankfurt, Lang, 1990, S. 227.

Literaturverzeichnis

Allensbacher Bericht 2001/9, Mehrheit für aktive Sterbehilfe, 2094 Befragte, Februar/März 2001, Internet: http://www.ifd-allensbach.de/ news/prd_0109.html.

Anspach, R., Deciding Who Lives; Fateful Choices in an Intensive-Care Nursery, Berkeley, Univ. of California Press, 1993.

Beck, U., Giddens, A. & Lash, S., Reflexive Modernization. Politics, Tradition and Aesthetic in the Modern Social Order. Cambridge: Polity Press, 1994.

Bradbury, M., Representations of Death. A Social Psychological Perspective; London, Routledge, 1999.

Bundesgerichtshof Entscheidungen, Band 37: 376 ff, 1991.

DGHS, Die Niederlande und Deutschland im Fokus der Meinungen, Humanes Leben – Humanes Sterben, Nr. 1/2001.

Dworkin, R., Die Grenzen des Lebens. Abtreibung, Euthanasie und persönliche Freiheit, Rowohlt, Reinbek 1994.

Dworkin, R., Nagel, Th., Nozick, R., Rawls, J., Scanlon, Th., Thomson, J., Assisted suicide. The philosophers' brief, The New York Review of Books 5 (23.3.1997), p. 4147, 1997.

Eibach, U., Aktive Sterbehilfe und Menschenwürde – eine theologisch-ethische Auseinandersetzung mit philosophischen Argumentationen für eine Tötung auf Verlangen, in: Beiträge zur Thanatologie, Heft 21, 2000, Johannes-Gutenberg-Universität Mainz, Interdisziplinärer Arbeitskreis Thanatologie, Mainz 2000.

Elias, N., Über die Einsamkeit der Sterbenden / Humana conditio, Suhrkamp, Frankfurt 2002.

Feldmann, K., Aktive Sterbehilfe: soziologische Analysen, Internet: http://www.erz.uni-hannover.de/~feldmann/feldmann_sterbehilfe.pdf.

Feldmann, K., Tod und Gesellschaft. Eine soziologische Betrachtung vom Sterben und Tod, Bern/ Frankfurt, Lang, 1990, S. 227.

Feldmann, K., Fuchs-Heinritz, W. (Hrsg.), Der Tod ist ein Problem der Lebenden. Beiträge zur Soziologie des Todes, Frankfurt/Main 1995.

Fischer, N., Geschichte des Todes in der Neuzeit, Edition Tempus, Giengen, 2001.

Freitag 22, 25.5.2002, Wenn Selbstbestimmung zum Zwang wird, Internet: http://www.freitag.de/2001/22/01221101.php.

Gerhard, V., Letzte Hilfe; in: Frankfurter Allgemeine Zeitung vom 19.9.2003.

Glaser, B.G.; Strauss, A. L., Awareness of Dying, Hawthorne, Aldine, 1965.

Glaser, B.G.; Strauss, A. L.,Time for Dying, Aldine, 1968.

Giddens, A., Konsequenzen der Moderne. Frankfurt/M.: Suhrkamp 1995 (Orig. 1990).

Gutmann, T., Der eigene Tod - Die Selbstbestimmung des Patienten und der Schutz des Lebens in ethischer und rechtlicher Dimension; Internet: http://www.medizin-ethik.ch/publik/der_eigene_tod.htm.

Harris J., (1995) Euthanasia and the value of life. In: *Keown J.* (Ed), Euthanasia examined: ethical, clinical and legal perspectives. Cambridge University Press, Cambridge.

Kamphaus, F., Die Kunst des Sterbens; in: Frankfurter Allgemeine Zeitung vom 30.9.2003.

Korte, K.-R.; Weidenfeld, W., Hrsg.; Deutschland-TrendBuch, Opladen 2001.

Krähnke, U., Selbstbestimmung in der Moderne; Internet: http://www.tu-chemnitz.de/phil/soziologie/brock/allgem.htm).

Neumann, U., Deontologische und teleologische Positionen in der rechtlichen und moralischen Beurteilung von Sterbehilfe und Suizidteilnahme; in: *Jung, H.; Müller-Dietz, H.; Neumann, U.*; Hrg.; Recht und Moral. Beiträge zu einer Standortbestimmung. Nomos, Baden-Baden 1991.

Schmidt, H. R., Absolutismus und Aufklärung - Vom christlichen Fundamentalismus zum Vernunftglauben; Internet: http://www.hist.unibech/ schmidt/veroeffh/chronik.htm

Schluchter, W., Vulnerabilität – interdisziplinär, in: Tetzlaff, *G.; Trautmann, T.; Radke, K.S.* (Hrsg.) Extreme Naturereignisse – Folgen, Vorsorge, Werkzeuge, Bonn/Leipzig 2002.

Strasser, P., Das Ende der Solidarität, Bemerkungen zum Umgang mit Außenseitern um die Jahrtausendwende, in: Recht & Psychiatrie 2/2001, Psychiatrie-Verlag, S. 63.

Streckeisen, U., Die Medizin und der Tod. Über berufliche Strategien zwischen Klinik und Pathologie, Opladen, Leske und Budrich, 2001.

Rutzen, G., Sterbehilfe zwischen Selbstbestimmung und Integritätsschutz, Köln 2000, Internet: http://idw-online.de/public/pmid-28490/zeige_pm.html.

Vester, M., Peter von Oertzen u.a., Soziale Milieus im gesellschaftlichen Strukturwandel, Frankfurt a.M. 2001.

Vesper, M., Schieflagen sozialer Gerechtigkeit, in: Gewerkschaftliche Monatshefte 8/2002; Internet: http://www.spw.de/129/schieflagen.php.

Wehling, P., Die Moderne als Sozialmythos. Zur Kritik sozialwissenschaftlicher Modernisierungstheorien. Frankfurt/M., New York: Campus. 1992.

1. Diskussion

Birgit Turski (Heilpraktikerin, Cottbus): Ich möchte an Ihr Plädoyer für ein Selbstbestimmungsrecht der Bürger anknüpfen. Auch ich bin für eine Selbstbestimmung. Das Dilemma dabei besteht jedoch darin, wenn ich selbst bestimme, dass ich sterben will und das nicht selber tue, ich einen anderen verpflichte, mich zu töten. Dieses Dilemma bleibt bei der aktiven Sterbehilfe immer bestehen. Wir geben einem anderen Menschen die Verpflichtung auf, unser eigenes Leben zu beenden. Ich denke, das muss man in dieser Konsequenz auch klar aussprechen, weil es sonst hinter technischen Vokabeln wie Machbarkeit, Apparate-Denken und ähnlichem verschwindet. Das Sterben ist eine aktive Leistung. Dieser Umstand ist in unserem allgemeinen Denken verdrängt worden. Der Übergang vom Leben zum Tod wird nicht mehr als eigenständiger Prozess begriffen. Es gibt in unserem Denken häufig dieses „entweder/oder", also ich lebe oder ich bin tot. Sterben ist irgendetwas dazwischen, was wir nicht benennen können. Wir müssen uns mit diesem Prozess mehr beschäftigen, weil auch erst dann ein Verständnis für den Umfang der zu leistenden Lebenstätigkeit verständlich werden kann. Dadurch, dass das Sterben überwiegend in Institutionen wie medizinischen Einrichtungen erfolgt, wird verhindert, dass Menschen mit Tod, Sterben und Toten in Berührung kommen, wenn sie nicht im medizinischen/pflegerischen Bereich tätig sind. Aus dieser Entfremdung des Prozesses stammen viele unserer Probleme, so dass wir über technische Dinge viel stärker diskutieren. Oft ist es die Angst, an Apparate ausgeliefert zu sein, die einen Großteil der Menschen, die sich für eine aktive Sterbehilfe aussprechen, beeinflusst, obwohl die Zusammenhänge und auch die Verhältnismäßigkeit völlig aus dem Blick geraten sind.

Wilfried Robineck (Leitender Oberstaatsanwalt der Staatsanwaltschaft Cottbus): Eine kurze Anmerkung: Es gibt kein Recht des Staates, über menschliches Leben zu verfügen. Im Gegenteil, das Recht auf Leben und körperliche Unversehrtheit ist im Grundgesetz in Art. 2 garantiert. Und dann noch etwas: Sie haben soeben eine Schautafel aufgelegt. Da hat mich der Begriff „Todesstrafe" gestört. Auch die gibt es in unserem Land nicht mehr; sie ist abgeschafft. Im Übrigen würde ich die Konsequenz, die Sie ziehen, teilen. Allerdings setzt das natürlich voraus, dass unser Recht insoweit geändert wird, möglicherweise so, wie es in Belgien und den Niederlanden geschehen ist. Dabei würden sich allerdings rechtliche Probleme ergeben, denn inwieweit das Recht auf Leben und körperliche Unversehrtheit verzichtbar ist, darüber wird man noch lange Zeit streiten.

Fred Zipperling (Richter am Amtsgericht Königswusterhausen): Ich bin Betreuungsrichter. Nach meiner Auffassung bedeutet Sterbehilfe in den seltensten Fällen die Notwendigkeit, aktiv etwas zu tun, sondern oft genug eigentlich nur eben nichts zu tun. Gerade was das Medizinische anbelangt, wird oft Fluch und Segen der modernen Medizin zu Tage treten. Es würde manchmal reichen, zu sagen: Hier machen wir nichts mehr, weil wir eigentlich nichts mehr tun können; wir werden nicht reanimieren, weil das, was kommt, nicht mehr das ist, was es einmal war. Das hat, glaube ich, mit aktivem Tun und Verlagerung der Verantwortung weniger zu tun.

Prof. Wolfgang Schluchter (BTU): Es ist schon so mit dem Tötungsmonopol des Staates. Wir brauchen uns darüber nicht streiten. Wir leben in modernen Gesellschaften. Betrachten Sie nur mal über die Bundesrepublik hinaus die Situation in anderen Ländern. In den USA z.B. gibt es noch die Todesstrafe, alle kennen die Diskussion, die damit verbunden ist. Es ist im Grunde genommen ein staatliches oder gesellschaftlich sanktioniertes und erlaubtes Vorgehen. Wenn wir aber von hier aus darüber reden, müssen wir die Thematik etwas differenzierter betrachten, das ist in Ordnung, aber dennoch glaube ich, dass bestimmte staatliche Privilegien vorhanden sind und auch vorhanden sein müssen, denn die Gesellschaft muss „Sterbehilfe" in irgend einer Weise organisieren. Es geht nur über staatliche Monopolisierung, weil sonst das völlige Chaos ausbrechen könnte. Aber die Frage, die Sie angesprochen haben: Nichtstun ist im Grunde genommen auch Handeln. Man nehme nur das Beispiel meines Vaters, mit dem war ich eigentlich im Reinen; es war klar, er würde in den nächsten Tagen sterben. Da kommt die Krankenschwester und stellt fest, er hat eine Überzuckerung. Was macht sie? Sie ruft natürlich sofort den Notarzt, weil sie das muss, weil sie gar nicht anders kann. Also ich muss Ihnen ganz offen gestehen, ich war in dieser Situation im Zweifel, ob ich ihr sagen soll, lassen sie es doch, lassen sie es bitte, weil das wäre in Ordnung gewesen. Es hätte beendet sein können. Aber der Notarzt kommt, mit der Folge, dass er seinen Job machen muss: Er „pumpt" den Menschen wieder auf und das Ganze geht im Grunde genommen drei Wochen weiter. Die systematische Herangehensweise an die vorliegende Thematik führt dazu, dass eben Selbstbestimmung nicht stattfindet. Und das ist eigentlich das Problem.

Nun zu dem, was Sie noch gesagt haben: Ich denke, dass es sehr stark auch mit dem zusammenhängt, wie man selbst lebt. Bin ich zufrieden mit meinem Leben? Kann ich von mir sagen, es ist ein erfülltes Leben? Ich halte beispielsweise Vorlesungen über „Risiken". Jeder Mensch muss eigentlich morgens, wenn er aufsteht, befürchten, dass er abends eben nicht mehr am Leben ist, weil das Leben riskant ist. Wenn jemand natürlich nicht aufsteht, im Bett bleibt, dann hat er kein großes Risiko, aber es passiert auch nichts. Er hat keine Chancen. Es geht dabei immer um die Erwägung, was mache ich denn eigentlich. Wir alle tun es, Tag für Tag, ganz automatisch. Wir befinden selbst darüber, wie wir uns verhalten, was wir für Risiken eingehen, im Autoverkehr, im beruflichen Leben, überall. Natürlich denken wir selten darüber nach, was auch systematisch klar ist, denn wir können nicht morgens aufstehen und eigentlich antizipieren, dass wir abends auf dem Friedhof landen. So geht das natürlich nicht, weil das tötungsrelevant wäre und wir würden uns selbst lähmen. Also bewegen wir uns immer an dieser Grenze zwischen Leben und Tod. Jeden Tag, jedes Jahr. Im Prinzip auch hier. Vielleicht hier weniger, als wenn ich in einem Düsenjäger im Irak sitze. Wir bewegen uns so, wir machen es uns nur nicht bewusst. Das Dilemma ist, dass man gerade, wenn man ins Alter hineingeht, dann einfach feststellt, man hat ganz vieles falsch gemacht und ist eben nicht fertig mit den Dingen und man hat es nicht geregelt. Ich glaube, dass es wichtig ist, auch darüber zu sprechen. Wie regelt man eigentlich diesen Weg, der eigentlich im Grunde genommen vom Leben in den Tod geht. Sterben ist ja gerade dieser Weg zwischen dem einen und dem anderen. Darüber zu reden finde ich individuell ganz wichtig, auch weil Entscheidungen getroffen werden müssen. Dabei belaste ich andere mit meinen Problemen; die müssen oder sollen mich töten. Ich glaube aber auch, dass es etwas mit Respekt und Liebe zum Menschen zu tun hat.

Dr. Josef Horntrich (Obermedinzinalrat, Ärztlicher Direktor des Carl-Thiem-Klinikums Cottbus a.D.): Ich wollte sagen, dass aktives Tun und Unterlassen doch zwei Paar verschiedene Schuhe sind. Ich denke, das kann man nicht gleichsetzen, später kommen wir noch einmal darauf zurück. Ich möchte auf das Selbstbestimmungsrecht eingehen. Es ist ein wenig angeklungen, dass wir mit der Akzeptanz des Selbstbestimmungsrechts ein altes Joch abwerfen. Wir müssen aber doch sehen, was das Tötungsverbot im Laufe unserer menschlichen Kultur für eine Funktion hat. Es hat nämlich das Zusammenleben garantiert. Und deshalb meine ich, sollte man hier vorsichtig sein, wenn man mit Hilfe des Selbstbestimmungsrechts das Tötungsverbot schrittweise aushebelt. Was haben wir denn jetzt zu beobachten in Holland und in Belgien? Bisher war in der Rechtsprechung das Tötungsverbot höherrangiger als das Selbstbestimmungsrecht. Nun ist ein Wechsel eingetreten. Das Selbstbestimmungsrecht wird höher gewertet als das Tötungsverbot. Das ist aber nur ein Feld, wo der Lebensschutz durchlöchert wird. Wir haben ein zweites Beispiel schon vor Jahren gehabt, durch die Schwangerschaftsunterbrechung. Hier ist das Selbstbestimmungsrecht der Mutter höher gewertet worden als das Lebensrecht des Kindes. Wir haben ein drittes Feld, was jetzt in der Diskussion ist, das ist die Verbrauchung in der Embryonenforschung. Und das, worüber wir uns heute unterhalten, ist das Feld, wo wir das Selbstbestimmungsrecht vor den Lebensschutz und das Tötungsverbot setzen. Also wir müssen uns über die grundsätzliche Bedeutung der Forderungen und Diskussion im Klaren sein. Wenn wir den Lebensschutz schrittweise durchlöchern, ist es natürlich möglich, dass wir dann eines Tages auf eine schiefe Ebene kommen. Sie erwähnten auch in Ihrem Vortrag, dass einmal ein sozialer Druck entstehen könnte, wenn wir den Rentnerberg der nächsten Jahre und Jahrzehnte vor uns sehen. Wir sagen: Unnützer Esser und sonst auch nicht mehr nütze für die Gesellschaft – willst du nicht bald abtreten? Also, ich denke, Tötungsverbot und Lebensschutz sind hohe Werte, da sollten wir genau nachdenken, ob wir hier Abstriche machen.

Prof. Wolfgang Schluchter (BTU): Vielleicht ganz kurz dazu: Ich will Ihnen gar nicht Contra bieten, weil es vorliegend nicht um die Frage von richtig und falsch geht, sondern es geht um die Frage, wie wir uns selbst in diesem Zusammenhang positionieren. Ich bin ein Vertreter des „Egoismus". Ich bekenne also ausdrücklich, dass ich ein Egoist bin. Ich weiß, dass Egoismus die Überlebensstrategie ist. Wenn ich mich nicht um mich selbst kümmere, werde ich nicht so viele Chancen haben. Unsere Gesellschaft und andere auch sind nicht so organisiert, dass alles vollautomatisch funktioniert und ich existieren kann. Ich werde zwar nicht verhungern, aber ich werde natürlich auch nach meinen Chancen schauen müssen, nach bestimmten Regeln und Normen, die ich gelernt habe und von denen ich weiß, dass sie erforderlich oder eben sanktionsrelevant sind. Aber eins ist auch klar, das ist eben dieser soziale Druck, der entsteht. Ich habe in diesem Zusammenhang zwei Bücher gelesen, die eigentlich schon relativ alt sind, aus den 60-er Jahren. Darin ist eine sehr präzise Untersuchung der Situation in Krankenhäusern in den Vereinigten Staaten gemacht worden: Der Arzt ist sich sehr wohl bewusst, dass er die Definitionsmacht hat. Entweder geht es oder es geht nicht. Die Krankenschwester sieht es vielleicht ganz anders, weil sie einen anderen Zugang zum Patienten hat. Am Wochenende kommen noch die Familienangehörigen und drücken sich die Türklinke in die Hand. Alle sind irgendwie dabei, weil es dem Ende zugeht, manche natürlich auch deshalb, weil möglicherweise bestimmte juristische Tatbestände nicht richtig geregelt sind, gemeint sind z. B. Erbschaft und solche Dinge. Der Arzt kann nun nicht sagen, wir lassen ihn einfach sterben, weil es vielleicht das humanste ist, denn er würde sofort juristische Probleme bekommen von jemandem, der sagt, das ist verweigerte Hilfe. Die Krankenschwester kann sich nicht einmischen, weil der Arzt die Funktionsmacht hat. Wenn die beiden sich nicht verstehen und verständigen, also Kommunikationsprobleme haben, dann kommt man natürlich auch zu keinem Ergebnis. Die Situation bleibt im Grund genommen ungelöst. Dennoch muss eine Entscheidung getroffen werden, die positiv oder negativ ist, je nachdem wie man es sieht, vom Betroffenen, also vom Sterbenden her, von den Angehörigen oder auch vom Arzt. Es wird eine definitive und definitorische Entscheidung gefordert. Selbstverständlich gibt es normative Dinge, aber diese normativen Dinge haben natürlich eine systematische Unterfederung und darum geht es eigentlich, sich darüber klar zu werden oder darüber zu sprechen. Welche Systematik liegt eigentlich unseren Verhältnissen zugrunde? Deswegen ist der öffentliche Diskurs notwendig.

Wolfgang Rupieper (Direktor des Amtsgerichts Cottbus): Ich bin in der Bundesrepublik auch unter der Prämisse Richter geworden, dass ich keine Todesurteile aussprechen muss. Wenn es nun so kommt, dass irgendeiner die Entscheidung, die ja auch rechtlich abgesichert sein muss, fällen muss, dann sind es wir Richter, die letztendlich zu entscheiden hätten. In diese Lage möchte ich nicht kommen. Ich würde mich auch weigern, diesbezüglich zu richten, denn es ist nicht meine Aufgabe, über Leben und Tod zu entscheiden. Das, meine ich, sollte man auch berücksichtigen, wenn man sagt, es ist die Entscheidung desjenigen, der sterben will, also sein Wille. Diese Entscheidung muss doch auch vollstreckt werden, d. h. es muss ein anderer aktiv werden, spätestens dann hat die Richterschaft das Problem auf dem Tisch.

Dr. Josef Horntrich (Obermedizinalrat, Ärztlicher Direktor des Carl-Thiem-Klinikums Cottbus a.D.): Ich glaube, Probleme zwischen Ärzten und Schwestern gibt es in der Beurteilung eigentlich nicht. Aber wir haben natürlich einen Wandel in den ärztlichen Richtlinien, auch in der Justiz. Ich werde in meinem Vortrag darauf eingehen, möchte hier aber vorab anmerken: Es gab nach den NS-Massenmorden im Rahmen der Euthanasie-Aktion sowohl im Westen wie im Osten nach dem Krieg eine Haltung der Justiz, die allen Anschein der aktiven Sterbehilfe vermeiden wollte und eine Maximaltherapie bis zum letzten Atemzug forderte. Ich werde heute Nachmittag die diesbezüglichen Literaturstellen zitieren. Die Anästhesisten sind mit dieser Extremhaltung in Schwierigkeiten geraten: Warum Beatmung, wo man schon lange sehen konnte, hier ist keine Heilung mehr möglich, warum noch alle möglichen Medikamente, wenn es aussichtslos war. Aber nach den Richtlinien der Justiz - der Name *Bockelmann* dürfte bekannt sein - war eine Lebensverkürzung um zwei Stunden bereits eine Straftat. Hier waren die Ärzte unter Zwang. Sie waren es, die in den 70-er Jahren versucht haben, diese enge Auslegung zu lockern. Es gab Stellungnahmen von der Bundesärztekammer zur Sterbehilfe, die sehr vorsichtig waren. Sie haben sich an der neutralen Schweiz orientiert und haben das, was man als passive Sterbehilfe formuliert, eingebracht. Die Richtlinien der Bundesärztekammer waren auch die Grundlage für die juristische Beurteilung. Ein Gesetz über Sterbehilfe oder was erlaubt ist oder nicht, gibt es bislang nicht. Die Richtlinien der Bundesärztekammer sind aber schrittweise an die aktuellen Erfordernisse angepasst worden. Deshalb ist das, worüber man heute debattiert, eigentlich passive Sterbehilfe, nämlich das Weglassen von Maßnahmen, die keinen Sinn mehr haben. Und wenn das geschieht, glaube ich, geht man konform mit dem Patienten. Er will nichts Unnötiges, er will nicht, dass sein Sterben verlängert wird, er will ein schmerzfreies Sterben, frei von Qualen. Und darüber muss er entscheiden dürfen. Ich denke, da sind wir auch nicht soweit auseinander. Wir sollten hier nur klar unterscheiden. Aktives Tun ist für mich, wenn ich eine Überdosis von Schlafmitteln oder Morphium nehme und dem Patienten das Leben beende. Aber das Unterlassen nicht mehr sinnvoller Maßnahmen ist vernünftig.

Bernd Puhlmann (Evangelische Kirchengemeinde Werben, Pfarrer u. Mitarbeiter der Telefonseelsorge): Der Tod eines Menschen ist nicht nur dessen Privatsache. Er hat immer auch Konsequenzen, so wie Sie es, Herr Prof. Schluchter, im Verhältnis zu Ihrem Vater beschrieben haben. Der Tod des um Sterbehilfe Bittenden kann sogar dazu führen, dass Mitmenschen über diesen Tod krank werden und sich selber genötigt fühlen, ihr Leben zu beenden.

Prof. Wolfgang Schluchter (BTU): Dieses Problem sehe ich natürlich auch. Es ist nicht einfach nur das individuelle Maß der Dinge. Es ist doch aber auch eine Frage, ich glaube, damit können Sie konform gehen, wie man das Ganze vorbereitet. Ich möchte das vielleicht mal etwas ketzerisch sagen: Man könnte sich doch theoretisch auch darüber freuen, dass jemand stirbt, und zwar „gut“ stirbt. Das ist es gerade, was ich ausgeführt habe. Dieses Spannungsfeld von Trauer und Freude – es ist gut gegangen – könnte man doch vielleicht auch sehen. Es ist eine Frage der Vorbereitung, eine Frage meines Lebens im Zusammenhang mit meiner Familie oder mit den Menschen, die mich umgeben.

Dipl.-Ing. Eleni Vasileiadou (BTU): Freude mag schon übertrieben sein, über das Dahinscheiden eines Familienmitgliedes. Ich aber habe mir den Tod meiner Großmutter gewünscht, weil sie einen Hirnschlag erlitten hat und niemanden mehr erkennen konnte. Sie lebte in ihrer eigenen Welt, die auch keine war und es wurde immer schlimmer. Ich sah sie sterben. Ich komme aus Griechenland. Dort gibt es nicht genügend soziale Hilfe, so dass sie irgendwo untergebracht werden konnte. Sie war bei uns zu Hause.

Ein Schatten ihrer selbst, nicht sie selbst. Es war wirklich ein Problem für mich, an Gott zu glauben. Er sollte sie einfach mitnehmen, so böse es auch klingen mag. Natürlich hatte ich auch Schuldgefühle im Nachhinein, als sie dann schließlich nach fünf Jahren starb. Aber diese fünf Jahre waren keine schönen Jahre, besonders nicht für meine Mutter. Damit möchte ich auch eine Frage an Sie, Herr Dr. Horntrich, richten: Wie ist es eigentlich geregelt, wenn ein Familienmitglied etwas erlitten hat, z. B. einen Hirnschlag und nicht mehr über sich selbst bestimmen und kein lebenswürdiges Leben mehr führen kann? Haben dann die Familienmitglieder zu bestimmen oder die Ärzte? Wie ist das in Deutschland geregelt?

Dr. Josef Horntrich (Obermedizinalrat, Ärztlicher Direktor des Carl-Thiem-Klinikums Cottbus a.D.): Wenn jemand über sich selbst nicht mehr verfügen kann, gibt es das Betreuungsrecht.

Dr. Ulrike Gutheil (Kanzlerin der BTU): Was mir auffällt, ist, dass wir jetzt sehr viel argumentieren aus Erfahrungen, die wir mit unseren Angehörigen über deren Tod gemacht haben. Wir schauen, wie wir darunter leiden, das mit ansehen zu müssen. Aber ich glaube, die Kunst wird sein, in dieser Diskussion die Ebenen doch zu trennen und eine saubere juristische Ebene zu finden, die eine Vielzahl aller möglichen nur denkbaren juristischen Fälle abdecken kann, vom Erbschleicher bis letztendlich hin zur Menschenwürde. Herr Rupieper sagt zu Recht, wer soll eigentlich entscheiden. Als Richter – ich war auch einmal in diesem Beruf – würde ich genauso argumentieren. So bin ich nicht angetreten, um über Leben und Tod urteilen zu müssen, aber auch der Vormundschaftsrichter hat ähnliche Probleme.

Was Herr Dr. Horntrich gesagt hat, ist natürlich auch richtig, nämlich dass man in diesem Lebensstadium alles unterlassen muss, was medizinisch unnötig ist. Ich habe gedacht, wir wären in der Diskussion um die Patientenverfügung eigentlich schon ein bisschen weiter. Ich glaube, dass jeder, der Schwerkranke hat sterben sehen und individuell von diesem Schicksal betroffen ist, natürlich genau weiß, wovon er redet. Ich habe großes Verständnis, dass man bei einem sehr leidenden Menschen „den Hahn auch endlich abstellen“ möchte. Aber wer soll letztendlich diese Entscheidung treffen? Juristisch nachprüfbar muss sie auf jeden Fall sein.

Birgit Turski (Heilpraktikerin, Cottbus): Ich glaube, hier sind wir wieder im Konflikt zwischen passiver und aktiver Sterbehilfe. Wenn wir heute über aktive Sterbehilfe sprechen, geht es nicht schlichtweg darum, „den Hahn abzustellen“, sondern es geht darum, dass ich jemanden, der noch nicht oder nicht so sehr an der Schwelle des Todes steht, keine zusätzliche

Hilfe gebe, also Beatmung, künstliche Ernährung, dass sich dann der Sterbeprozess hier vollzieht. Aktive Sterbehilfe heißt hier, ich will diesen Prozess abkürzen. Ich will ihn nicht voll durchgehen, sondern ich will, dass jemand aktiv diesen Prozess beendet. Darin sehe ich einen großen Unterschied, auf den in der öffentlichen Diskussion bislang so nicht ausreichend hingewiesen wird. Es wird immer nur vom Abschalten der Geräte gesprochen. Ich glaube, die wenigsten Ärzte haben ein Problem damit, wenn überhaupt keine Hoffnung mehr besteht, lebensverlängernde Maßnahmen einzustellen. Das ist passive Sterbehilfe, die durch die Patientenverfügung gedeckt ist. Sie kann auch ohne richterliche Entscheidung vonstatten gehen. Die passive Sterbehilfe steht damit auf einem ganz anderen Blatt, als das, worüber wir heute angetreten sind zu diskutieren. Bei der aktiven Sterbehilfe, d. h. beim Töten auf Verlangen, geht es nicht darum, dass der Sterbeprozess schon so unausweichlich fortgeschritten ist, dass eine künstliche Verlängerung unzumutbar wäre, sondern hier geht es darum, dass jemand das Recht für sich in Anspruch nimmt, nicht leiden zu wollen, sondern lieber konsequent gleich sein Leben zu beenden. Hat der Betroffene aus eigener Kraft weder die Möglichkeit noch die Fähigkeit dazu, sein Leben durch einen Suizid zu beenden und erwartet er, dass aktiv ein Dritter eingreift, dann handelt es sich um aktive Sterbehilfe. Ich denke, das müssen wir immer ganz klar trennen.

Klaus Natbo (Evangelische Kirche, Cottbus): Es wird abwechselnd von lebensverlängernden und von sterbensverlängernden Maßnahmen gesprochen, von einem Prozess des Sterbens geredet. Kann mir jemand erklären, wie der Prozess des Sterbens definiert ist und wie ich unterscheide zwischen einer lebensverlängernden Maßnahme und einer sterbensverlängernden Maßnahme?

Prof. Wolfgang Schluchter (BTU): Ich denke, wir werden im Laufe der Diskussionen und der Beiträge noch darauf zu sprechen kommen. Ich glaube, das ist eine wichtige Sache, die Sie angesprochen haben, aber ich möchte auch noch einen Gedanken einbringen. In der Diskussion wurde heute darauf hingewiesen, es gehe eigentlich um ein ganz individuelles Prinzip, dass jemand sagt, ich will diesen ganzen Vorgang, von dem ich annehme, dass er schlimm ist, verkürzen, ich will mir einfach Schmerzen ersparen. Es könnte in diesem Zusammenhang doch auch der Gedanke kommen, dass jemand sagt, ich möchte das anderen ersparen, mich so leiden zu lassen, mich so leiden zu sehen und mich zu Tode pflegen zu müssen. Sozusagen, ich bringe anderen ein Geschenk, ich erspare den anderen etwas. Das könnte vielleicht auch ein Gesichtspunkt sein, den man hier aus soziologischer Sicht beachten könnte.

Tod in den Weltkulturen

Eleni Vasileiadou

1 Einleitung

> *„Was ist der Tod? Diese Frage muss am Anfang aller Religionen gestanden haben, denn der Tod zwang den Menschen zum ersten Mal, die Hoffnung über das Diesseits hinauszuheben, und jede Religion bemüht sich auf ihre Weise, das Denken und Fühlen des Menschen auf das Unsichtbare zu lenken."*[1]

Antworten auf diese Frage durchdringen die Kultur als Gesamtheit der zum Zusammenleben notwendigen erworbenen Kenntnisse. Sie äußern sich unmittelbar im Weltbild.

Mit der Behandlung des Todes in den Weltkulturen soll heute ein kritischer Denkanstoss gegeben werden, was die Klärung des Todesproblems angeht.

1.1 Sterblichkeit

In der Literatur finden sich zeitlose Gedanken über die Vergänglichkeit. In den Texten von Markus Aurelius sind Überlegungen aufgefasst, die den Fragestellungen unserer Zeit durchaus entsprechen:

> *"Wie können die Seelen in der uns umgebenden Luft alle Platz finden, wenn sie von Ewigkeit zu Ewigkeit fortleben?*
>
> *Nun, wie fasst denn die Erde die Leiber der Menschen, die seit Urzeiten bestattet werden?*
>
> *So wie die Erde nach kurzem Verweilen der Leichname im Grabe durch deren Umwandlung und Auflösung für andere Tote Raum schafft, so bleiben auch die Seelen, die in die Luft übergehen, nur einige Zeit bestehen.*
>
> *Dann verwandeln auch sie sich, verflüchtigen sich und gehen wieder in den schöpferischen Urgrund alles Seienden ein und ma-*

---

[1] *Drewermann*, Psychologie und Exegese, Olte und Freiburg, 1985, S. 512.

chen auf diese Weise denen Platz, die nun in der Luft ihre Heimat finden.

Der Tod ist wie die Geburt ein Geheimnis der Allmutter Natur: Aufbau aus denselben Grundstoffen, Auflösung in die gleichen Elemente – jedenfalls nichts, dessen man sich zu schämen hätte. Denn Leben und Sterben stehen nicht im Widerspruch zu dem, was aus der Denkfähigkeit des Menschen folgt und zum Gesetz seines Aufbaues."
Marc Aurel, IV, 21

Die heutigen Nekropolen sind grundlegende Nebenerscheinungen der Metropolen des 20. Jahrhunderts. Nach *Italo Calvino* bilden sie das Negative der lebenden Stadt und sind Reiche der Absenz, ein Ort des Nachdenkens über Leben und Tod, über Sterblichkeit. Er berichtet in seinem Buch „Die unsichtbaren Städte" von Eusapia (auf griechisch die, welche leicht und gut verrottet), einer in sich gestorbenen Stadt, deren Menschen ohne Initiative dahinsterben:

„Es gibt keine Stadt, die mehr dazu neigte als Eusapia, das Leben zu genießen und den Sorgen zu entfliehen. Und damit der Sprung vom Leben zum Tod weniger abrupt sei, haben die Einwohner eine genaue Kopie ihrer Stadt unter der Erde gebaut. Die Leichen, derart getrocknet dass nur ein von gelber Haut überzogenes Skelett übrigbleibt, werden dort hinuntergebracht, um ihre Beschäftigungen von vordem weiterzuführen...So hat das Eusapia der Lebenden angefangen, seine unterirdische Kopie zu kopieren. Es heißt, dass dies nicht erst jetzt geschieht: In Wahrheit sollen die Toten das Eusapia zur Gleichnis ihrer eigenen Stadt gebaut haben. Es heißt, dass man in den Zwillingsstädten unmöglich feststellen kann, wer die Lebenden und wer die Toten sind."
Italo Calvino, Die Städte und die Toten, 3

Literarische Werke wie diese gehören zu Erscheinungen der Sepulkralkultur.

2 Sepulkralkultur

Der Begriff der Sepulkralkultur wird vom lateinischen „sepulcrum“ (Grab, Grabstätte) abgeleitet und umfasst nicht nur Grab, Grabmal und Beisetzungsstätte, sondern alle kulturellen Erscheinungsformen, die mit Totenbestattung und -gedenken zusammenhängen:

- Kirchhöfe und Friedhöfe in ihren unterschiedlichen Erscheinungsformen,
- Grabmale,
- Texte wie Leichenreden,
- Totengedenk und -Gebetbücher sowie Inschriften,
- Gegenstände Totengedenkens und Realien Sterbe- und Bestattungsbrauchtums,
- Werke von Künstlern.

In der Sepulkralkultur spiegeln sich der kulturelle Stand, die religiöse Einstellung, das Verhältnis zu Geschichte und Natur, die soziale Haltung sowie künstlerisches und kunsthandwerkliches Niveau einer Epoche.[2]

2.1 Abschied

Der Tod einer Person bedeutet einen Abschied ohne Wiedersehen in der bisher bekannten Weltordnung. Er ist mit Trauer und Schmerzen verknüpft, wenn es sich dabei um ein geliebtes Individuum handelt. Meist wird der Sterbende als Reisender ins Jenseits betrachtet. Dabei erweist es sich als vorteilhaft, dieses Jenseits als Paradies zu definieren.

In der griechischen Mythologie wurde nichts desto trotz das Totenreich des Hades als ein trostloses, von Flüssen umgebenes und gut bewachtes Schattenreich beschrieben, wo jegliche Genüsse beschränkt bis unmöglich waren. Die Entführung von Persephone, Tochter der Demeter (Göttin der Fruchtbarkeit), durch Gott Hades, hat den Winter als Zustand erschaffen. Nur durch die Einigung der Götter, dass sie für ein halbes Jahr auf die obere Welt zurückkehren durfte, wurde die Wiederkehr von Frühling und Sommer ermöglicht.

---

2 www.outoftime.de\museum\sepulkralkultur.html; zur Frage nach einem postmortalen Würdeschutz s. ausf. *Rolf Gröschner*, Menschenwürde und Sepulkralkultur in der grundgesetzlichen Ordnung, Boorberg, 1995.

Als angenehme Art zu Sterben empfundene Vorstellungen sind unter anderem der ruhige Tod, wie das Einschlafen im hohen Alter im Kreise der Familie oder das Selbstopfer für höhere Ideale.

2.2 Paradies – Memento Mori

In vielen Kulturen erscheint das Bild vom Paradies als Zielort der Verstorbenen - dazu existiert die Vision einer qualvollen Hölle, meistens als gerechtes Konzept der Sündenvergeltung.

Die christliche Tradition stellt den Himmel einerseits als Ort der Engel und Heiligen dar, mit der Symbolik einer theologischen und metaphysischen Vorstellung einer spirituellen Reise – andererseits als Garten Eden des Goldenen Zeitalters mit der Symbolik von Elementen ursprünglicher Natur. Als Gegensatz dazu steht das Fegefeuer der Hölle. Ein Gelangen durch die Pforten des Paradieses wird nach einigen Auffassungen sogar erst am Tag des Jüngsten Gerichts möglich, wenn alle Toten aus ihren Gräbern zu ihrem Urteil auferstehen.

Im Koran ist das Paradies als blühende Oase mit Gärten, Flüssen und wuchernden Bäumen beschrieben. Die Männer liegen bequem und genießen Früchte und Wein.

Nordamerikanische Indianerstämme vertrauen darauf, dass die Toten die Region des Sonnenuntergangs bewohnen. Manche Eskimovölker erkennen ihre Toten im Schimmer des Nordlichts, wie sie fröhlich mit dem Kopf eines Walrosses spielen.

Bildliche Darstellungen von Skeletten, die nach altem Volksglauben auf den Friedhöfen nachts Totentänze, "dances macabres", tanzten, gehören zu den "memento mori". Das sind Gegenstände, welche als Besinnung auf die "Vergänglichkeit alles Irdischen" dienen sollen[3]. Die Abbildungen des "Sensenmanns" und zahlreicher Skelette wurden auch außerhalb der sakralen Orte, in der Öffentlichkeit und in Haushalten angebracht, quasi als Kunst. Einerseits mahnten sie vor sündhaftem Leben, andererseits sollten sie als heidnischer Abwehrmechanismus gegen den Tod wirken. Heute wird versucht, den Tod mit der Medizin zu besiegen. Sie soll dem Menschen die dazu notwendige Kraft liefern.

3 www.outoftime.de\museum\sepulkralkultur.html.

2.3 Reisen – Vorbereitung und Auffassung

Auf die Reise ins Jenseits wird der Mensch schon während seines Lebens mit Hilfe der Religion und mit Ritualen vorbereitet.

Die Lebenden gedenken, meditieren und erinnern sich an ihre Toten. Bei immateriell orientierten Religionen Asiens wie Hinduismus und Buddhismus ist die Meditation wichtig. Dabei löst sich der Geist von der Seele und reist ins Unbekannte. Es soll ein Tod als Trennung von Körper und Seele vor dem eigentlichen Tod stattfinden, um ihn als absolutes Ereignis aufzuheben.

Für die reibungslose Überfahrt der Toten ins Jenseits sorgen öfters Grabbeigaben. Dazu gehört auch das Totengeld. Bei den alten Griechen kostete die Überfahrt vom Fährmann Charon ein Geldstück („Ovolos"). Dieses wurde den Toten unter die Zunge gesteckt. Chinesen stellen ihren Toten Geld auch heute in den Gräbern zur Verfügung, die sogenannten „Hell-Dollars"[4].

Bei den jeweiligen Vorbereitungen und Reiseabläufen spielt die Einstellung zu dem physischen Körper eine wichtige Rolle: Vorstellungen reichen von der „Schatztruhe" der Seele, wobei der Leichnam unter anderem mumifiziert wird, bis zu seiner Bewertung als nutzlose leere Hülle die beispielsweise verbrannt werden soll.

Dieser Hülle kann auch eine besondere rituelle Bedeutung zugeschrieben werden. Bei den Azteken wurde die Haut des Geopferten vom Priester übergezogen. Damit konnte er "in die Haut des Geopferten schlüpfen" und der Sonne nahe sein[5].

Die Hindus glauben an einen Kreislauf von Geburt, Leben, Sterben und Wiedergeborenwerden - nicht nur für den Körper, sondern auch für das "atman", die Seele. Deshalb werden die Toten an den Ufern von Heiligen Flüssen verbrannt, die Aschenreste gelangen ins Wasser.

Bei den Buddhisten wird nicht nur der Körper wiedergeboren, sondern auch ein "Bündel von Charaktermerkmalen". Das religiöse Ziel ist das Ausscheiden aus dem mit Leiden verbundenen Kreislauf des Lebens, das Wiedereinswerden mit dem Universum, wie ein Wassertropfen, der ins Meer fällt. Jeder Tod birgt die Chance des Ausscheidens aus dem Kreis und des Eingehens ins Nirwana. Der tote Körper ist nur eine leere Hülle,

---

4 vgl. *Manfred Gerner*, Friedhöfe in China, Friedhofskultur, Hohenheim Verlag, 2001, S. 132.

5 www.outoftime.de\totenkult_mexiko\rundgang\rundgang.html.

der Tod an sich gibt Grund zur Freude, zum Feiern eines Festes mit Musik, lautem Spektakel und Feuerwerk[6].

Bei den Wikingern war der Körper ebenfalls unwichtig – ein letztes Hinausstechen ins Meer auf einem brennenden Schiff war die beste Lösung für einen Abschied vom Diesseits, Asche im Meer.

Bei den alten Ägyptern war der physische Körper dagegen besonders wichtig als Schatztruhe einer Seelenform – durch seine Aufbewahrung vor Zerfall wurde ein Ausblick in die Ewigkeit erschaffen. Im Alten Ägypten wurden auf Papyri alle Rituale der Bestattungen, die Götterwelt und der Weg der komplex aufgefassten Seelen beschrieben und in dem Totenbuch „Pert em Hru" (Eingehen in das Licht, Eintreten in den Tag) zusammengefasst. Darin finden sich auch detaillierte Vorgaben zu Mumifizierungen, die jeweils dem gesellschaftlichen Stand des Verstorbenen entsprachen. Solche Totenbücher mit Anleitungen für die Reise der Toten ins Jenseits wurden schon in ältester Zeit erfasst. Sehr berühmt ist auch das Tibetische Totenbuch, der Bardo Thödol oder „Befreiung durch Hören nach dem Tode"[7]. Dem Christentum ist die im Mittelalter entstandene "Ars moriendi" zuzuschreiben.

Das Potential des Todes als Befreiung und Einleitung in ein neues Leben, in eine ideale Welt von Unsterblichkeit und Schönheit, wird durch das Motiv der Opferung und des Vergießens von Blut unterstützt. Der Tod des Opferhelden wird zelebriert. So war bei den Azteken das Rausreißen des Herzens aus der Brust zur Verehrung der Sonne ein blutiger aber würdevoller Tod, der das Universum vor seinem Untergang bewahren sollte. Nach ihren Vorstellungen entzieht das Leben Kraft, die rückerstattet werden muss, um das Bestehen der Welt zu sichern. Wenn ein Mensch sein Herz der Sonne opferte, entweder auf dem Opferaltar oder im Krieg, half er die Kraft der Sonne zu erhalten und durfte sie für vier Jahre auf ihrem Weg begleiten, bevor er zum Sonnenvogel wurde. Es handelte sich um ein Opfer für die Menschheit, von dem Parallelen zum Opfertode Christi gezogen werden können.

2.4 Rituale im Kontext – Mexiko und Sulawesi

Bei den Mexikanern sind Opfergaben für die Toten in der Tradition festgelegt. Es wird nicht der Tod an sich gefeiert, sondern es wird mit den Toten zusammen gefeiert. Am 2. November, dem Tag der Toten, "Dia des Muer-

---

6 Vgl. *Manfred Gerner*, Anspruch und Wirklichkeit, Friedhofskultur, Hohenheim Verlag, 2001, S. 10-11.

7 *Stanislav Grof*, Totenbücher, Kösel Verlag, 1994, S. 6.

tos", findet ein heiteres Fest statt. Jede Familie deckt den Tisch der "offrendas" als Opfergabentisch für ihre Toten und schmückt die Gräber in luxuriöser Fülle. Besonders die Totenblumen, gelbe "Tagetes", erinnern mit ihrem stechenden Gelb an die Farbe der Sonne und des Goldes. Die Nacht wird auf dem Friedhof an den Grabstätten der Verwandten zugebracht, wobei Speisen und Getränke mitgenommen werden. Auf dem Heimweg werden „Tagetes“ so gestreut, dass die Geister den Weg nach Hause wiederfinden und zu Besuch kommen können.[8]

Der Phantasie der Volkskultur sind heutzutage keine Grenzen gesetzt: makabres Spielzeug, Miniatursärge, Leichenzüge, Masken sowie grelle Malereien, welche fröhliche Skelette in verschiedenen komischen Szenenfolgen verkörpern; die Schaufenster der Bäckereien werden mit Schädeln aus Zuckerguss geschmückt. Das Volk besiegt den Tod durch die Erinnerung, welche Kontinuität und einen Platz im Universum gewährleistet. Die „Memento Mori“ der Mexikaner tragen eine fröhliche Botschaft im Kreise der Familie und Freunde, die gemeinsam feiern und gedenken.

Eine besondere Stellung gegenüber dem Tod nehmen die Sadan Toraja von Sulawesi, etwa 400.000 Personen im Südwesten der zu Indonesien gehörenden Insel, ein. Dort ermöglichen nur adlige Herkunft, Reichtum und ein kompliziertes Totenfest das Gelangen in den Himmel – ansonsten wird nur das Totenland in derselben Schicht des Kosmos erreicht. Die Vorbereitungen auf das Totenfest können von sechs Monaten bis mehreren Jahren dauern. Auf den Ritualplätzen werden Behausungen für die zahlreichen eingeladenen verwandten Familien gebaut und Reis wird neu angepflanzt. Die Vererbung von Reisfeldern wird geregelt. Während der Vorbereitungszeit wird die Leiche im Haus aufbewahrt, wo die Familie ohne jegliche Angst vor dem Toten weiterlebt: das Gestorbensein wird als Schlafzustand gedeutet. Der Tote wird in viele Meter Stoff eingewickelt. Die Leichenflüssigkeit wird mit einem Bambusstab durch eine Öffnung im Boden aus dem Haus geleitet. Heutzutage bedient man sich auch einer Formalinspritze. Eine dem Toten ähnliche, 1 – 1 ½ m große Figur mit beweglichem Kopf und Gliedern wird aus einem bestimmten Fruchtbaum geschnitzt. Sie wird „tau tau“ - "wie eine Person" oder „bombo di kita“ - "die Seele, die sichtbar ist" genannt. Sie begleitet den Leichnam als seine Verdoppelung im Katafalk des Zeremonieplatzes und beim Totenfest. Schließlich wird der Leichnam in eine Felsengrotte hineingelassen. Die „tau tau“ wird an einer Felswand hingestellt, als sichtbares Zeichen für Reichtum und Macht des Verstorbenen.[9]

---

[8] www.outoftime.de\totenkult_mexiko\rundgang\rundgang.html.

[9] www.outoftime.de\tod-im-kulturvergleich\indones\toraja.html.

2.5 Totenbestattung

Totenbestattung ist die meist mit einem von Kulturkreis, Rasse und Religion abhängigem Ritual verbundene Übergabe menschlicher Leichname an die Elemente, sofern nicht durch Einbalsamierung und Beisetzung in Gebäuden die Verwesung künstlich verhindert wird. Ihre gebräuchlichsten Formen sind die Erdbestattung und die Feuerbestattung. Normalerweise wird der Tote auf dem Friedhof beigesetzt. Seltenere Bestattungsformen sind:

- Wasserbestattung (Versenken der Leiche oder Verstreuen des Leichenbrandes in Meer, Fluss oder See),
- Baumbestattung (Beisetzen in hohlen Baumstämmen),
- Einbalsamieren,
- Beisetzen in besonderen Bauten, Totenhäuser, Mausoleen, Grüften und Katakomben[10].

Beim Animismus (von anima = Seele) werden der Leichnam oder seine Reste verzehrt. Bei den Indianern Südamerikas werden die Aschenreste des Leichnams von den Familien- und Stammesangehörigen mit Bananen- oder Manjokbrei vermischt und aufgegessen. So können die Seelen der Ahnen die Lebenden im Diesseits weiterbegleiten[11].

Die Bestattung in freier Luft auf Reisiglagern und dergleichen findet sich hauptsächlich in der Südsee, dann bei den Parsen, welche die Leichnahme in offenen Turmbauten "Türme des Schweigens" den Raubvögeln überlassen. Solche Himmelsbestattungen finden heute noch in Tibet statt, wobei Leichen auf den Berggipfeln zerstückelt und so vorbereitet den Greifvögeln als Nahrung angeboten werden[12].

Heute wird der Traum von der erdlosen Bestattung bei der Weltraumbestattung verwirklicht - bei entsprechendem Geldbeutel kann man Teile seiner Asche von den USA aus ins All schießen lassen[13].

Trotz technologischen Fortschritts bleibt die Erdbestattung eine sehr breit verbreitete Form. Bei der archaischen Erdbestattung wird der Tote symbolisch in den Schoß der Mutter Natur gelegt, die ihre schlafenden Kinder wieder für ein Leben in einer anderen Dimension aufnimmt. Bei

---

10 dtv-lexikon in 20 Bändern, 1990, Band 18, Sud-Tur, S. 250.

11 *Manfred Gerner*, Tote Indianer, Friedhofskultur, Hohenheim Verlag, 2001, S. 137.

12 *Manfred Gerner*, Land ohne Friedhöfe Tibet, Friedhofskultur, Hohenheim Verlag, 2001, S. 123.

13 *Georg Weth*, Hier ruht keiner, Die Kunst des Erinnerns, Herbig, 1997, S. 52.

den frühesten Gräbern nimmt der Tote dabei eine gekauerte Stellung der Geborgenheit ein. Nach und nach werden die Begräbnisplätze mit Steinen gekennzeichnet, Zeichen werden gesetzt. Ein Grab ist der Ruheplatz eines Toten, während ein Grabdenkmal ein Symbol der materialisierten Andacht an der Beisetzungsstelle eines Toten darstellt.

Grabanlagen der Jungsteinzeit wurden oberirdisch mit Steinsäulen (Menhirs) gekennzeichnet und als Treffpunkte der Sippen genutzt. In diesem Zusammenhang entstanden die ersten Kultanlagen und Tempel der Götter. An Gräbern, die wie Perlenschnüre aneinandergereiht sind, kann man die Anlehnung an alte Wege erkennen.

Die Gräber entwickelten sich zu unterirdischen und oberirdischen Räumen, die sogar einer Erschließung bedurften. Das Grab wurde schließlich selbst als Haus ausgestaltet. Man gab den Toten einer Sippe ein eigenes Haus, in dem viele Generationen bestattet wurden. Die Toten wurden durch Ausstattung mit Nahrung und Beigaben für das Jenseits vorbereitet und so begraben.

Die Ganggräber entwickelten sich über die großen Kuppelgräber zu den ersten Tempeln. Bei den Mastabas und Pyramiden Ägyptens sowie bei Felsengräbern wurden Totenkammern mit repräsentativen Gebäuden überbaut. Das Grab war für die Ägypter nicht einfach eine letzte Ruhestätte, sondern eine „Wohnung für die Unendlichkeit“.

Die Grabkammern entwickelten sich einerseits zu Monumentalbauten, wie die Mausoleen (auf hohen Unterbauten errichtete tempelartige Grabmale der Satrapen). Andererseits schrumpften sie zum Sarkophag (aus dem griechischen: "Fleischfresser"). In Anlehnung an den Sarkophagen wurden die Särge als Hüllen des Todes entwickelt.

Die römischen Christen bestatteten ihre Toten in Katakomben, in unterirdischen Gängen. Ihr antiker Name war auch Coemeterium (griechisch Ruhestätte). Gräber der christlichen Märtyrer befanden sich dann in den Krypten (aus dem griechischen kryptos = verborgen), unter dem Altar der ihnen geweihten Kirchen. Die Toten wurden dann in größtmöglicher Nähe des Heiligtums "ad sanctum" beerdigt. Entsprechend entstanden die Kirchhof-Friedhöfe.

Das Christentum hat am Anfang die Feuerbestattung als heidnischen Brauch abgewiesen und verbannt, wobei der Glaube an die Wiederentstehung des Leibes mitwirkte. Seit dem 19. Jahrhundert ist die Kremation von Leichen bei Protestanten üblich. Muslime und Juden weisen die Verbrennung von Leichen ab.

Die Feuerbestattung ist ein sehr alter Brauch und herkömmlich bei den Religionen Asiens, Buddhismus, Hinduismus und Taoismus, wo er sich über Jahrtausende in Kontinuität bewahrt hat.

Bei der Feuerbestattung herrschte in anderen Religionen auch die Vorstellung, dass der verbrannte Tote weiterzuleben vermochte, wie Beigaben und die Gestaltung des Aschebehälters als Hausform erkennen lassen (Hausurnen). Urnen wurden sogar nachträglich in der Erde bestattet. Ein solcher Brauch der doppelten Bestattung ist auch heute üblich.

Mit der Verbreitung des Glaubens, dass die Seele einer Reinigung durch Feuer bedürfe, um in die Wohnungen der Seeligen zu gelangen, wurde seit Beginn des 4. Jahrhunderts das Verbrennen (Kremation) als allgemeiner Brauch bei den Römern angewandt. Die Urnen wurden in ein Grabmal eingesetzt oder in zu diesem Zweck erbauten Gebäuden, den Kolumbarien, aufbewahrt. Seit Einführung der Kremation als christliche Bestattungsform im 18. Jahrhundert entstanden neue Anlagen, Krematorien, Urnenhöfe und Kolumbarien. Sogar eine Rasenbestattung der Asche oder das Aufstellen der Urne im privaten Haushalt ist in manchen Ländern möglich. Schließlich bietet die anonyme Urnenbestattung in Massengräbern heute[14] eine preiswerte Alternative.

[14] Vgl. auch die Friedhofsordnungen der verschiedenen Länder. Die Form der Erd- oder Feuerbestattung und die Durchführung einer Zeremonie wird heute nach dem Wunsch des Verstorbenen und/oder seiner Angehörigen durchgeführt. Die Durchführung des gewählten Bestattungsablaufs übernimmt ein Bestattungsunternehmen.
Die Trauerfeier vor der Erdbestattung oder Kremation im Sarg kann in einer Kirche, einer Kapelle, in einer Feierhalle oder einem anderen dafür geeigneten Ort stattfinden.
In Deutschland regelt landesgesetzliches Recht die Bestattung der Toten auf Friedhöfen. Richtlinien der jeweiligen Friedhofsordnungen bestimmen unter anderem die Möglichkeiten zur Wahl von Art, Ort und Gestaltung einer Grabstätte und legen Kosten und Nutzungsdauer fest. Verschiedene Formen der Beisetzung werden angeboten, entsprechend der zur Verfügung stehenden Grabfelder und Parzellen: Familien-, Kinder-, Einzelgräber, Reihengräber, Ehrengräber, Kaufgräber mit Hecken, Hauptplätze, Urnenhaine, Gruftstellen, Gemeinschaftsanlagen, sowie Kolumbarien, Urnenwände, Sargwände und Beinhäuser.
Grundsätzlich werden die Angebote sowohl für Särge als auch für Urnen in Wahl- oder Reihengräber und Einzel- oder Familiengräber oder Kindergräber geteilt.
Manche Grabstellen werden mehrfach belegt, meistens 2- oder bei Urnen auch 5-fach, so dass auf einem Grabmahl mehrere Namen auftreten. Ferner dienen Gemeinschaftsanlagen zur anonymen Bestattung.
Ein Wahlgrab kann bereits zu Lebzeiten erworben werden. Seine Lage, Größe und Gestaltung sind frei definierbar. Dabei kann es sich um ein Einzel- oder ein Familiengrab handeln.

2.6 Die Orte der Toten

Die Orte der Toten reichen von Gräberstrassen und Nekropolen (griechisch: Totenstädte) bis zu Beinhäusern (Ossarien) zur geschichteten Aufnahme der Gebeine. Die Nekropolen spiegelten in ihrer Anordnung von Grabanlagen und Tempeln die gesellschaftliche Ordnung der Siedlungen der Lebenden wider. Sie wurden wie diese von Hecken und Steinmauern, sogar von Wällen und Gräben umgeben.

Öffentliche Begräbnisplätze sind zwar schon aus prähistorischer Zeit bekannt, wurden aber erst als die Menschen sich in Dörfern und Städten vereinigten gezielt angelegt. Oft diente der eigene Garten als Begräbnisstätte, in der Stadt wie auf dem Land.

Friedhof bedeutete ursprünglich das eingefriedete Grundstück, den Vorhof eines Tempels. Heute handelt es sich um den Ort, an dem die Toten bestattet werden.

Der mittelalterliche Kirchhof war stets im Zentrum gelegen. Seiner geweihten Erde stand nicht entgegen, dass er als bevorzugter Ort der Begegnung, Versammlung und Geselligkeit galt. Solche Friedhöfe gibt es heute noch in kleineren Orten. Sie stehen mit der Dorfkirche im Mittelpunkt des kulturellen Lebens und sind für das Ortsbild prägend. Es gehört immer noch zur Tradition in Dörfern Russlands, am Grab des Toten zu speisen und so feierlich an ihn zu gedenken.

Durch die wegen Epidemien und Kriegen unvorhersehbar und rapid steigende Zahl von Toten wurden diese jedoch nach und nach aus dem Mittelpunkt des Lebens verbannt. Kirchhöfe wurden als Totenacker überbelegt, was zu der Entstehung neuer Anlagen führte. Kirchhöfe im Inneren der Städte wurden geschlossen und aus hygienischen Gründen durch neue Friedhöfe vor den Toren ersetzt. So entstanden die architektonischen Friedhöfe mit strengem Raster und symmetrischen Ordnungen, die Parkfriedhöfe als künstliche Landschaften mit gewundenen Wegen und die Waldfriedhöfe.

In Folge der Weltkriege wurden die Friedhöfe erweitert, Massengräber oder Gemeinschaftsanlagen angelegt. Zur Zusammenfassung der Toten wurden angesichts ungeheurer Zahlen von Toten und Gräbern sowie Fragen der Identifizierung der Toten, Aufklärung von Vermisstenschickscha-

---

Reihengräber werden der Reihe nach belegt. Sie werden stets für eine einzige Beisetzung von der Friedhofsverwaltung freigegeben. Ort, Größe, Gestaltung und Ruhezeit sind vorbestimmt. Bei den viereckigen Feldern treten für Sargbestattungen die Kopf-an-Kopf oder Kopf-an-Fuß Anreihungen auf, Urnen können auch kreisförmig angeordnet werden.

len[15] oder Umbettung von Toten[16] Soldatenfriedhöfe mit Mahnmalen und Kriegerdenkmalen angelegt. So wurde der Begriff der anonymen Bestattung wieder aktuell. Heute gilt diese als eine wegen ihrer wirtschaftlichen und/oder ideologischen Vorteile bevorzugte Bestattungsform.

Totenlandschaften der in rasantem Tempo anwachsenden Industriestädte des 20. Jahrhunderts, die zunächst an der Peripherie lagen, aber meist schnell von der Bebauung umfasst wurden, unterliegen mehreren Funktionen. Sie sind Begräbnisanstalten, deren technisches Funktionieren zahlreiche Vorschriften regeln, können aber auch als Refugien dienen, symbolisch als Inseln.[17]

2.7 Postmortaler Schutz der Menschenwürde?[18]

Anlass und Anliegen der Frage nach einem postmortalen Würdeschutz war in der Bundesrepublik Deutschland eine Gesetzesinitiative der Bayrischen Staatsregierung zur Privatisierung der Feuerbestattung Anfang 1994.

Dieser Frage ist seinerzeit *Gröschner*[19] ausführlich nachgegangen. In Art. 1 Abs. 1 Satz 1 GG heißt es: „Die Würde des Menschen ist unantastbar". Erstreckt sich dieses grundgesetzliche Postulat auch auf den Toten, d.h. hat der Tote Anteil an der „Würde des Menschen", wenn ja, auch der Leichnam? Nach Auffassung des Bundesverfassungsgerichts im sog. Mephisto-Beschluss[20] endet die Schutzpflicht aus Art. 1 Abs. 1 GG – die Menschenwürde „zu achten und zu schützen ist Verpflichtung aller staatli-

---

15 Denkmäler für die Gefallenen wurden auch in Form von Kenotaphen (griechisch: leeres Grab) errichtet. Dieses sind Scheingräber zum Gedächtnis an Tote, deren Leichname nicht nach den geltenden Sitten bestattet werden konnten. Kenotaphen legen einen Ort des Gedenkens und der Erinnerung fest.

16 *Manfred Gerner*, Kriegsgräber, Friedhofskultur, Hohenheim Verlag, 2001, S. 142 ff.
Die Zielrichtungen des Gedenkens unterscheiden sich in verschieden Kriegen. Im und nach dem ersten Weltkrieg stand der Heldentod für das Vaterland im Vordergrund, der Dank des Vaterlandes für die Opferbereitschaft. Nach dem zweiten Weltkrieg wurde auf den Mahn- und Gedenksteinen der schmerzliche Verlust von Vater, Sohn oder Mann herausgestellt.

17 Nach dem Kuratorium Nürnberger Leitfriedhof, 1997:
"Der zeitgemäße Friedhof unseres Kulturbereichs ist nicht nur Begräbnisplatz, er ist darüber hinaus respektierter Bereich der Ruhe, Besinnung und Begegnung und stellt einen wichtigen ökologischen Faktor im Siedlungsraum dar; in den Großstädten gehört er zu den grünen Oasen."

18 S. o. Fn. 2.

19 S. o. Fn. 2.

20 BVerfGE 30, 173, 194.

chen Gewalt“ – nicht mit dem Tode, wohl aber das Persönlichkeitsrecht aus Art. 2 Abs. 1 GG. Aus der näheren Begründung hierzu lässt sich schließen, dass das Bundesverfassungsgericht die Menschenwürde im vorliegenden Zusammenhang nicht als Grundrecht behandelt, sondern bei Eintreten des Todes nur auf die staatliche Schutzpflicht abstellt, die nicht mit dem Tode endet. Die Begründung einer „Leichenwürde“ aus der Menschenwürde kann deshalb mit Blick auf diese Rechtsprechung nicht abgeleitet werden. Aus dem Schutz der Menschenwürde resultiert aber ein umfassender Achtungsanspruch, wonach als Inbegriff von menschlichen Entwürfen angesichts von Sterben, Tod und Trauer gemäß dem Kulturstaatsprinzip jede Sepulkralkultur schon qua Kultur zu achten ist[21].

3 Thanatologie

Thanatologie ist die Lehre vom komplexen Zusammenhang der zum Tod führenden physiologischen Abläufe sowie der psychischen und sozialen Wirkungen. Das Wort wird vom griechischen „thanatos“[22] (Tod) und „logos“ (Wort) abgeleitet. Thanatologische Forschungen werden seit den 70-er Jahren von Psychiatern, Mediziner, Soziologen, Kulturanthropologen und Ethnologen betrieben, mit dem Ziel:

- den Eintritt des Todes naturwissenschaftlich zu erforschen sowie die Reaktionen von Kultur und Gesellschaft auf ihn,
- Vorgänge datenmäßig festzuhalten und für weitere Untersuchungen vorzubereiten,
- Persönlichkeitsveränderungen bei tödlichen Erkrankungen zu beobachten und Schutzmaßnahmen für den Kranken zu entwickeln,
- eine neue „Todeskultur“ zu entwickeln und verbreiten, der sich entfaltenden Persönlichkeit Gefühlserlebnisse und Kulturerkenntnisse für eine bewusstere Lebensgestaltung zu vermitteln – auch als eine Vorbereitung auf den Tod[23].

---

[21] So offensichtlich auch *Gröschner* (Fn. 2), S. 68.

[22] *„thanatos“*: in der griechischen Mythologie Sohn der Nacht, Zwillingsbruder des Hypnos (Schlaf), mit dem er oft die Toten wegträgt – meist als schöner beflügelter Jüngling mit erloschener Fackel dargestellt.

[23] *Ernö Kunt*, Die Thanatologie – ein Versuch, Im Angesicht des Todes, Urania Verlag, 1990, S. 117.

3.1 Friedhofskultur heute - Tabubruch?

In der heutigen säkularisierten Gesellschaft wird der Gedanke des Todes verdrängt. Der Tod hat seinen Platz in einer von Idealen der ewigen Jugend, Vitalität und Produktivität besessenen Konsumgesellschaft verloren. Viele Europäer bringen das Wort "Tod" nicht über die Lippen.

Nach *Philippe Ariès* kennzeichnen drei Phänomene den Umgang mit dem Tod in der Gegenwart:

- Der Tod wird verheimlicht und Sterben isoliert, der alltägliche Tod findet unter Ausschluss der Öffentlichkeit statt,
- sterbende Menschen werden um die Würde ihres eigenen Todes gebracht,
- die Trauer wird als Störung empfunden.

Man hat die Fähigkeit verloren, sich dem Tod entgegenzustellen, und die Tatsache bewusst ignoriert, dass der Tod zum Leben gehört. Der Tod wurde zum Tabu und so lange wie möglich verdrängt.

In der aufgeklärten Welt der Moderne verflachen mit sich wandelnden Werten auch die dazu gehörigen Rituale. Auch die Rituale des Sterbens haben an Verbindlichkeit und verhaltenssteuernder Selbstverständlichkeit verloren. Besonders für die wachsende Zahl konfessionsloser Menschen bestehen wenig Rituale, die Vertrautheit schaffen können und zugleich Bedeutsamkeit suggerieren.

Viele Deutungsmuster verschiedener Kulturen kehren heute in „moderner Gestalt“ jedoch wieder: Der Mensch scheint Ideale und Symbole in sich wiederholenden Mustern zu erschaffen, welche der Interpretation des Jenseits dienen. Dabei werden öfter Symbole und Auffassungen fremder Philosophien in individuelle Vorstellungen integriert. Die Rolle der Kunst ist bei der Erschaffung neuer persönlicher Weltbilder nicht zu unterschätzen.

Auf der Suche nach Ewigkeit werden tabubrechende und sogar absurde Formen des Umgangs mit den Toten gesucht, unter anderem mit der sogenannten „Neurosuspension“. Bei der „Alcor Life Extension Foundation“ in Los Angeles wird der Tote „suspendiert“ (geköpft). Sein Kopf wird als Container des wertvollen Gehirns bei 196 Grad unter Null eingefroren. Der weniger wertvolle und in der Zukunft anhand einer Wiederbelebung zu klonende Körper wird „energiert“ (verbrannt).[24]

In Mode kamen 1975 in Amerika die sprechenden Grabsteine, und solche, die sogar mit Monitoren für Videowiedergabe versehen wurden. Die

---

[24] *Georg Weth*, Hier ruht keiner, Die Kunst des Erinnerns, Herbig, 1997, S. 52.

Kreativität der Bestattungsunternehmen kennt keine Grenzen. Dabei fehlen nicht Grotesken wie Särge und Urnen in unerwarteten Formen (Flaschensarg, Schuhsarg und Bowlingkugelurnen) und ironische Grabtexte wie „Zeit zum Lesen". Viele Entwürfe drücken auch hohe ästhetische Werte aus. Durch die Auflockerung der Friedhofsordnungen wird die individuelle Gestaltung der Gräber unterstützt und die Bildung einer neuen Friedhofskultur gefördert.

3.2 Die Kunst der Erinnerung

Die Auseinandersetzung mit der Vergänglichkeit und die Suche nach neuen Möglichkeiten der Trauerkultur und Grabgestaltung sind erforderlich, um den Umgang mit Sterben, Tod und Gedenken in der heutigen Gesellschaft zu erleichtern und neu zu definieren. Dieser Umgang unterliegt einer gewissen Diskontinuität und changierendem Wandel und bedarf einer Aufwertung.

Die Überwindung der Existenzangst und Stärkung des Identität verleihenden Erinnerungsvermögens ist auch Aufgabe der Kunst. Sie beschäftigt sich als Lebensausdruck mit dem Thema Tod und dient an der Seite der Wissenschaft zur Überlieferung des Weltkulturerbes.

Von der ägyptischen Totenstadt der Pharaonen-Götter bis zur Künstler-Nekropole in Kassel[25], wo noch lebende Künstler ihre eigenen Grabmale

[25] www.outoftime.de\museum\sepulkralkultur.html.
Mit der Initiative eines Künstlers und Professors an der Kasseler Kunsthochschule ist 1981 das Projekt der Künstler-Nekropole als Stiftung entstanden. Es handelt sich dabei nicht um einen Friedhof im eigentlichen Sinne: rund um den Blauen See im Habichtswald nahe dem Bergpark Wilhelmshöhe errichteten Künstler von „documenta-Rang" zu Lebzeiten ihre eigenen Grabmonumente, Kunstwerke über potentielle Künstlergräber stehen frei im Wald, nur locker verbunden durch einen Waldweg um den See eines renaturierten früheren Steinbruchs. Auf die Frage „Warum ein Friedhof für Künstler?" versuchte, *Harry Kramer* eine Antwort zu geben: „Warum soll sich die Kunst, wenn ihr schon zum Leben so wenig einfällt, nicht mit dem Tod beschäftigen? Wenn Künstler sich Monumente ihres Todes bauen, entstünde eine Landschaft, die die Melancholie und Faszination Bomarzos erreichte...Wir werden alle sehr nachdenklich, wenn es um ein Monument der eigenen Sterblichkeit oder Unsterblichkeit geht".
Seit 1992 errichteten in dem Waldstück am Blauen See *Rune Mields, Timm Ulrichs, Fritz Schwegler, Werner Ruhnau, Heinrich Brummack, Blalla W. Hallmann* und *Karl Oskar Blase* ihre Monumente. *Harry Kramers* Urne wurde 1997 anonym in der Nekropole bestattet. In den nächsten Jahren werden weitere Monumente folgen.

als Monumente zu Lebzeiten errichten, dient die Kunst der Erinnerung und der Verewigung.

"Der Tod des Todes ist die Kunst". (nach Prof. Ernst Fuchs)

Das "Aneinanderdenken und Gedenken" kann zu Erlebnissen und Erinnerungen führen, welche die Kraft geben, den Tod des anderen zu akzeptieren und den eigenen weniger zu fürchten. Die Bewältigung des Todes findet in der Erinnerung ihren Abschluss. Sie ist diejenige, die ihm sogar einen Sinn geben kann.

In Kassel wurde 1992 das Museum für Sepulkralkultur eröffnet, eine Stiftung der 1951 gegründeten Organisation ADF (Arbeitsgemeinschaft Friedhof und Denkmal). Diese pflegt und fördert als gemeinnützige Vereinigung die Friedhofs- und Denkmalkultur. Die anfänglich nur praxisbezogene Tätigkeit des Vereins wurde um eine systematische Erfassung und wissenschaftliche Erforschung der Friedhofskultur erweitert.

2. Diskussion

Prof. Wolfgang Schluchter (BTU): In dem Beitrag haben wir gehört, dass der Tod nicht einfach ein Tabu ist. Denn wenn ich mir z.B. eine Urne in das Wohnzimmer stelle, ist es natürlich keine Tabuisierung, sondern im Grunde genommen leben die Konstruktionen des Todes oder des Toten bei mir weiter, aus welchen Gründen auch immer. Wir machen aber einen Schnitt und sagen Leben ist Leben und Tod ist Tod. Wir beachten – so würde ich auch die Diskussion einleiten – eigentlich nicht den fließenden Übergang. Dieser fließende Übergang ist eine Konstruktion, die kulturell bedingt und abhängig ist. In allen Kulturen, ich sagte das auch in meinem Beitrag, aber auch hier ist es noch einmal deutlich geworden, gibt es eine ganz besondere Spezies von Menschen, die nicht tabuisiert werden, nämlich diejenigen, die für das Vaterland gestorben sind: Soldaten, Soldatenfriedhöfe sind gegenwärtig. Wir stehen auch kurz vor dem Toten-Gedenktag, wo man sich speziell diesen Fragen zuwendet und wo es viele Demonstrationen oder Präsentationen gibt. Der Staat tritt auf und ehrt seine Toten. Damit gehen wir anders um, als das, was wir zur vorliegenden Thematik in den einzelnen Vorträgen gehört haben. Offensichtlich ist es doch so, dass der Tod eines Soldaten eines anderen Begriffes würdig ist, als der Tod eines sonstigen Individuums.

Birgit Turski (Heilpraktikerin, Cottbus): Sie haben den Totensonntag angesprochen. Ich denke, dass wir nicht mit dem Tod ein Problem haben, sondern mit dem Sterben. Das Gedenken an Tote ist bei weitem nicht so problematisch, wie das Begleiten des Übergangs vom Leben zum Tod, also die Sterbephase. Ich habe z. B. meine Mutter nach fünfundzwanzig Jahren Halbseitenlähmung und siebzehn Tagen komathösem Zustand beim Sterben begleitet mit dem Gefühl: „Mutter du schaffst es, du hast es geschafft“. Wenn der Tod Realität ist – der Abschied vollzogen wurde – dann ist er bei weitem nicht mehr so schmerzhaft. Ein weiteres Problem ist, dass wir Leben und Tod als eine Form des Antagonismus sehen. In anderen Kulturen, gerade im Buddhismus, ist die Vorstellung vom „Kreis des Lebens“, dieses stetige Wechseln der Zustände, des Wechselns vom Leben zum Tod, das sich auch im Griechischen mit der Persephone verbindet, verbreitet. Wir hingegen gehen vom christlich-abendländlichen Verständnis aus. Ein buddhistisches oder auch ein animistisches Verständnis von Leben und Tod stellt die Frage nach aktiver Sterbehilfe überhaupt nicht, weil dort ganz einfach andere ethische Vorstellungen bestehen.

Dr. Josef Horntrich (Obermedizinalrat, Ärztlicher Direktor des Carl-Thiem-Klinikums Cottbus a.D.): Was Sie uns vorgetragen haben, sind die Fragen: Was geschieht mit dem Leichnam und was geschieht mit der Seele des Verstorbenen? Das ist, wie wir gesehen haben, eine kulturelle Frage. Was geschieht mit der Seele? Das ist eine religiöse Frage. Das alles sind natürlich sehr weite Felder, aber womit wir uns heute beschäftigen wollen, ist ja, wie kommen wir bis zum Tod.

Prof. Wolfgang Schluchter (BTU): Das ist eine sehr gute Überleitung: Wie kommt man zum Tod? Ich denke, die Frage, wie man zum Tod kommt, hängt auch unmittelbar damit zusammen, wie man mit dem Tod umgeht? Im Transformationsprozess vom Leben zum Tod ist mir doch bewusst oder könnte mir bewusst sein, was dann, wenn ich nicht mehr bin, mit mir geschieht. Wie gehen die Nachkommen mit mir um? Im Gedächtnis, in der Erinnerung? Dies kann doch etwas sehr Tröstendes haben, aber auch etwas sehr Belastendes, wenn ich z. B. nicht fertig bin mit dem Leben, wenn ich mir etwas vorzuwerfen habe, wenn ich beispielsweise Vorwürfe befürchten muss. Dann gehe ich in diesem Transformationsprozess mit mir selbst ganz anders um. Die kulturelle Behandlung des Todes ist nicht losgelöst von dem Vorgang des Sterbens. Aber der Vorgang des Sterbens und wie man dieses würdigt oder würdigen sollte, welche Probleme damit verbunden sind, ist zweifellos eine kulturelle Frage. Weil natürlich auch die Rechtsprechung und die Gesetzgebung Ausdruck von kulturellen Bedingungen, also von gewissen Interessenlagen sind, bin ich gespannt, was Kollege Prof. Knopp hierzu zu sagen hat.

Aktive Sterbehilfe aus europäischer und nationaler verfassungsrechtlicher Sicht

Lothar Knopp

I. Tabuthema „Sterbehilfe" und Fragestellungen aus nationaler verfassungsrechtlicher Sicht

Die Diskussion um ein humanes, menschenwürdiges Sterben wird in der Öffentlichkeit zunehmend einseitig, vereinfachend und auch ideologisch geführt. Kennzeichnend hierfür sind häufig ein Schwarz-Weiß-Denken, Tabuisierungen und unangebrachte, wenn auch verständliche Bezüge zu nationalsozialistischer Vergangenheit. Dabei geht es in erster Linie um die Sorgen und Nöte der Sterbenden. Um es einmal so zu formulieren: die Kunst des Sterbens, die Ars moriendi, fällt letztlich zusammen mit der Kunst des Lebens, der Ars vivendi. In Würde leben zu können, muss heißen, auch in Würde sterben zu können.[1] Die inzwischen seit Jahren andauernde rechtliche, ethische und medizinische Diskussion zur Sterbehilfe[2] hat durch das am 01.04.2002 in Kraft getretene niederländische Gesetz über die Kontrolle der Lebensbeendigung auf Verlangen und der Hilfe bei der Selbsttötung[3], kurz „Sterbehilfegesetz" genannt, in Fachkreisen und der Öffentlichkeit einen neuen Schub erhalten, der nicht zuletzt durch ähnliche Entwicklungen in Europa[4] und den spektakulären Fall der um aktive Sterbehilfe ersuchenden Britin *Diane Pretty*[5] unvermindert anhält. Über die EU hinaus hat aktuell in den USA der Fall der 39-jährigen Terri Schiavo[6] Aufsehen erregt, der als Koma-Patientin die Ärzte nach jahrelangem

---

1 Vgl. hierzu, wenn auch aus anderer Sicht, den durchaus bemerkenswerten Artikel von *Kamphaus*, „Die Kunst des Sterbens", in: FAZ vom 30.09.2003, S. 8.

2 Vgl. nur *Laufs*, NJW 2000, 1757, 1765 m.w.N.

3 Wet toetsing levensbeendiging op verzoek en hulp bij zelfdoding, Gesetz vom 12.04.2001, Staatsblad 2001, 194; vgl. hierzu *Scholten*, BtPrax 6/2001, 231; *de Groot*, BtPrax 6/2001, 223; *Janssen*, ZRP 2001, 179; *Khorrami*, ASU Med 2001, 490; *Gordijn*, KritV 2001, 457.

4 Vgl. etwa *Knopp*, MedR 2003, 379, 380 m.w.N. sowie unten III. 2a, b.

5 Vgl. Süddt. Zeitung vom 30.04.2002, S. 1; *Mielke* und *Lord*, Die Welt vom 30.04.2002, S. 32; DÄBl. 2002, A-1328.

6 Vgl. Stuttgarter Zeitung vom 17.10.2003, S. 18 und SPIEGELONLINE-22. Oktober 2003, http://www.spiegel.de/panorama/0,1518,270765,00.html.

Rechtsstreit die lebenserhaltende Magensonde zunächst entfernt und dann wieder aufgrund eines von dem Gouverneur von Florida, Jeb Bush, unterzeichneten Gesetzes zwischenzeitlich wieder eingesetzt haben, um sie so künstlich am Leben zu erhalten.

Die Diskussion um die Sterbehilfe, vor allem um die gesetzliche Freigabe der aktiven Sterbehilfe, hat inzwischen auch den Europarat erreicht, wo im September 2003 auf der Tagesordnung der Parlamentarischen Versammlung des Europarates Fragen der Euthanasie und Sterbehilfe standen.[7]

In Deutschland ist das niederländische Modell bekanntlich auf heftige Kritik und breite Ablehnung, insbesondere seitens der christlichen Kirchen, der Ärzteverbände und der Politik gestoßen.[8] Ohne hier noch einmal das Für und Wider des „niederländischen Weges" aufgreifen und diskutieren zu wollen[9], sollen im vorliegenden Beitrag im Wesentlichen die Entwicklungen zur Sterbehilfe in den europäischen Ländern und die zentrale Frage aufgeworfen und behandelt werden, ob deutsches Verfassungsrecht es überhaupt gestatten würde, dem niederländischen Beispiel zu folgen, oder ob die deutsche Rechtsordnung unter verfassungsrechtlichen Aspekten bereits grundsätzlich eine sich an der niederländischen Gesetzgebung zur Sterbehilfe orientierenden Lösung verbieten würde.[10] Wenn es um Fragen von menschenwürdigem Sterben, Selbstbestimmung des Patienten, körperlicher Unversehrtheit und Stellung der Angehörigen geht, setzt hier allein die Verfassung einen verbindlichen Rahmen für Gesetzgeber und Gerichte.[11] Unter diesem Gesichtspunkt lassen sich auch obige zunächst abstrakt formulierte Fragestellungen dahingehend konkretisieren: „Ist die Fortsetzung der Behandlung des todkranken Patienten überhaupt erlaubt?[12], im Hinblick auf die aktive Sterbehilfe noch etwas prononcierter: Ist der Gesetzgeber aus verfassungsrechtlichen Gründen gehindert, berech-

---

7 S. http://www.pflegen-online.de/homepage/europarat-aktive-sterbehilfe.htm.

8 Vgl. *Saliger*, KritV 2001, 383, 384 m.w.N.; Negativurteile waren auch in der Presse schnell nachlesbar, wie folgende Schlagzeilen belegen, z. B. „Lizenz zum Töten", Süddt. Zeitung vom 17.04.2001, S. 17 und vom 03.04.2002, S. 7 oder „Tod nach Gebrauchsanweisung", *Ganser*, FAZ vom 08.05.2001, S. 12; seitens der Politik machte die ehemalige Bundesjustizministerin *Däubler-Gmelin* deutlich: „kein Modell für Deutschland", „Der Arzt darf nicht entscheiden", FAZ vom 17.04.2001, S. 1 und vom 18.05.2001, S. 78 sowie www.spiegel.de/politik/deutschland/ 0,1518,127755,00.html.

9 Vgl. etwa *Saliger*, KritV 2001, 384, *Uhlenbruck*, NJW 2001, 2770; *Scholten*, BtPrax 6/2001, 231, jew. m.w.N. sowie o. Fn. 8.

10 Vgl. *Scholten*, BtPrax 6/2001, 233; ausführl. *Hufen*, NJW 2001, 849.

11 So zutreffend *Hufen*, NJW 2001, 850.

12 *Hufen*, ebd. m.w.N.

tigt oder sogar verpflichtet, die Pönalisierung der aktiven Sterbehilfe nach deutschem Strafrecht aufzuheben?"[13]

II. Begriff und Bedeutungsgehalt der Sterbehilfe

Die Grenzlinie in Deutschland zwischen strafbarer und nicht strafbarer Sterbehilfe wird im Wesentlichen durch zwei Unterscheidungen gezogen: aktiv und passiv, direkt und indirekt.[14] Unter der allein strafbaren aktiven Sterbehilfe wird die gezielte direkte Tötung eines anderen Menschen durch positives Tun zum Zwecke der „Leiderlösung" verstanden[15], z. B. durch Verabreichung einer Giftspritze oder eines Barbiturat-Trankes. Demgegenüber steht die passive Sterbehilfe, verstanden als die Nichtaufnahme oder der Abbruch einer lebensverlängernden Behandlung[16], letzterer z. B. durch Entfernung einer Magensonde bei einem Koma-Patienten oder Abstellen des Beatmungsgerätes, und die indirekte Sterbehilfe, definiert als ärztlich gebotene Medikation, die als unbeabsichtigte, aber in Kauf genommene unvermeidbare Nebenfolge den Todeseintritt beschleunigt.[17] Diese aus der bislang in der Sterbehilfediskussion dominierenden strafrechtlichen Perspektive herrührende Unterscheidung mag inzwischen fragwürdig geworden sein[18], aufgrund ihrer weitverbreiteten Verwendung in der rechtlichen Diskussion soll sie, um weitere Konfusionen zu vermeiden, aber vorliegend zunächst beibehalten werden.

Belastet ist der Sterbehilfe-Begriff in Deutschland durch den Begriff der Euthanasie, unter dem unter dem Nationalsozialismus zur Vernichtung „lebensunwerten Lebens" eine verabscheubare Tötungspraxis etabliert war[19] und der auch in der gegenwärtigen Sterbehilfediskussion immer wieder in Zusammenhang mit der ablehnenden Argumentation bei der aktiven Sterbehilfe herangezogen wird, insbesondere wenn es um die Bewertung des niederländischen „Euthanasie"-Gesetzes geht.[20] Hier wird das in den

---

13 *Knopp*, MedR 2003, 379.

14 *Saliger*, KritV 2001, 385; *Uhlenbruck*, in: *Laufs/Uhlenbruck*, Handbuch des Arztrechts, 2. Aufl. 1999, § 132 Rdnrn. 4 ff. m.w.N.

15 BGHSt 37, 376.

16 BGHSt 40, 257.

17 BGHSt 42, 301, 305; s. ferner BGH, NStZ 2001, 326.

18 Vgl. z. B. *Saliger*, KritV 2001, 386 m.w.N.

19 Vgl. jüngst *Kamphaus*, FAZ vom 30.09.2003, S. 8; *Kutzer*, ZRP 2003, 209, 210 f.

20 Vgl. hierzu *Scholten*, BtPrax 6/2001, 234 f.; *de Groot*, BtPrax 6/2001, 223; *Saliger*, KritV 2001, 395.

Niederlanden gebrauchte Wort „Euthanasie“ für „aktive Sterbehilfe“ häufig zu deutscher unrühmlicher Vergangenheit in diesem Bereich in Bezug gesetzt, wobei aber darauf hinzuweisen ist, dass der Begriff „Euthanasie“ im Unterschied zu Deutschland in den Niederlanden eine eigenständige, von der Gesellschaft weitgehend akzeptierte positive und neutrale Bedeutung hat[21], unbelastet jedenfalls vom rechtshistorischen Gehalt in Deutschland, der naturgemäß eine rationale und emotionsfreie Debatte um Sterbehilfe erschwert. So wird der Begriff „Euthanasie“ in der niederländischen Rechtswissenschaft und Rechtspraxis nur verwendet als Begriff für[22]

- ein Handeln, auf das der Tod folgt, das das Leben verkürzt, wobei das Leben ohne das Handeln nicht aufgehört hätte, sei es mit oder ohne medizinische Behandlung;
- ein Handeln eines Arztes;
- die Situation, in der es ein Ersuchen des Menschen, der sterben will, gibt.

Begrifflich wird in der deutschen Rechtsprechung und Rechtswissenschaft unter Sterbehilfe sowohl „Hilfe *beim* Sterben“ als auch „Hilfe *zum* Sterben“ verstanden, wobei die letztere Deutung unabhängig davon ist, ob der Sterbeprozess beim Todkranken schon begonnen hat oder nicht.[23] Im Unterschied zu den Richtlinien der Bundesärztekammer von 1979 und 1993 umfassen deren neue Grundsätze zur ärztlichen Sterbebegleitung vom 11.09.1998[24] jetzt explizit auch Patienten mit infauster Prognose oder sonstiger lebensbedrohlicher Schädigung, bei denen der Sterbeprozess noch nicht begonnen hat.[25] Unterscheiden kann man des Weiteren in Sterbehilfe als „Hilfe im/beim Sterben“ einerseits und „Hilfe zum Sterben“ andererseits oder lediglich in „Hilfe im Sterben“ und „Hilfe beim Sterben“.[26] Hilfe „im“ Sterben bedeutet dabei eine nichtlebensverkürzende Hilfe in der Sterbephase, während Hilfe „beim“ Sterben die auch lebensverkürzende Hilfe in der Sterbephase umfasst.[27] Für die verfassungsrechtliche Beurtei-

---

21 *De Groot*, BtPrax 6/2001, 223.

22 Vgl. *de Groot*, BtPrax 6/2001, 224; auch *Khorrami*, ASU Med 2001, 491 m.w.N.

23 Vgl. im Einzelnen *Saliger*, KritV 2001, 400 ff. m.w.N.

24 Die inzwischen vorliegende Neufassung vom 30.04.2004 ist im Anhang abgedruckt.

25 *Saliger*, KritV 2001, 402 m.Hinw. auf DÄBl. 1998, S. A-2367 = NJW 1998, 3407.

26 *Saliger*, KritV 2001, 404.

27 *Saliger*, KritV 2001, 404 m.w.N.

lung der eingangs aufgeworfenen Fragen sind besagte Unterscheidungen allerdings nur von untergeordneter Bedeutung, da die in diesem Beitrag zur Diskussion stehende aktive und direkte Sterbehilfe stets auf ein aktives zum Tode schwerstkranker Patienten führendes Handeln des Helfers auf Verlangen abstellt, unabhängig davon, ob die eigentliche Sterbephase schon begonnen hat oder nicht.[28]

III. Europäische Entwicklungen

1. „Der niederländische Weg"

Mit dem vom niederländischen Parlament am 12.04.2001 beschlossenen und am 01.04.2002 in Kraft getretenen Sterbehilfegesetz[29] lassen die Niederlande als erstes Land weltweit die aktive Tötung eines Patienten auf dessen ausdrückliches Verlangen zu. Überraschend war diese Gesetzesentwicklung allerdings nicht, da hier lediglich jahrzehntelanger niederländischer Sterbehilfepraxis Gesetzesstatus verliehen wurde[30], was häufig in der Diskussion um das niederländische Regelwerk verkannt wird. Das neue Gesetz legalisiert damit nur etablierte Praxis[31], was aber nicht heißen soll, dass es eine ohne weiteres auf Deutschland übertragbare Praxis wäre. Bis zum In-Kraft-Treten dieses Gesetzes war auch in den Niederlanden sowohl die aktive Sterbehilfe als auch die Hilfe bei der Selbsttötung nach niederländischem Strafrecht strafbar.[32] Diese im niederländischen Strafgesetzbuch verankerte Strafbarkeit wird durch das neue Sterbehilfegesetz nicht aufgehoben, dafür aber um einen sog. Strafausschließungsgrund ergänzt, wonach die vorsätzliche Beendigung des Lebens eines Anderen auf dessen ausdrückliches und ernstliches Verlangen dann nicht strafbar ist, wenn sie von einem Arzt begangen wurde, der die in dem Sterbehilfege-

---

[28] *Knopp*, MedR 2003, 380.

[29] Vgl. Fn. 3.

[30] Vgl. *Gordijn*, KritV 2001, 463 f.; *de Groot*, BtPrax 6/2001, 223, 226.

[31] Vgl. *de Groot*, BtPrax 6/2001, 225 f. m.w.N.; auch *Scholten*, BtPrax 6/2001, 231; *Janssen*, ZRP 2001, 180, jew. m.w.N.

[32] Art. 293 und Art. 294 WvS (Wetboek van Strafrecht = Strafgesetzbuch; Art. 293 WvS lautet: Wer einen anderen Menschen auf sein ausdrückliches und ernstes Ersuchen umbringt, wird mit höchstens zwölf Jahren Gefängnisstrafe oder einer Geldbuße bestraft; Art. 294 WvS lautet: Wer vorsätzlich einen anderen Menschen zur Selbsttötung anstiftet, ihm dazu behilflich ist oder ihm die Mittel dazu gibt, wird, wenn die Selbsttötung stattfindet, mit höchstens 3 Jahren Gefängnisstrafe oder einer Geldbuße bestraft; vgl. hierzu auch *de Groot*, BtPrax 6/2001, 224).

setz[33] genannten Sorgfaltskriterien eingehalten und dem Leichenbeschauer der Gemeinde nach dem Gesetz über das Leichen- und Bestattungswesen[34] Meldung erstattet hat. Nach den im Sterbehilfegesetz genannten Sorgfaltskriterien bzw. Bedingungen[35] muss der Arzt

a) zu der Überzeugung gelangt sein, dass der Patient sein Ersuchen freiwillig und nach reiflicher Überlegung gestellt hat,
b) zu der Überzeugung gelangt sein, dass der Zustand des Patienten aussichtslos und sein Leiden unerträglich war,
c) den Patienten über die Situation, in der dieser sich befand und über dessen sich daraus ergebende Aussichten informiert haben,
d) gemeinsam mit dem Patienten zu der Überzeugung gelangt sein, dass es für die Situation, in der dieser sich befand, keine andere akzeptable Lösung gab,
e) mindestens einen anderen unabhängigen Arzt zu Rate gezogen haben, der den Patienten begutachtet und schriftlich sein Urteil über die unter (a) bis (d) genannten Sorgfaltskriterien abgegeben hat, und
f) bei der Lebensbeendigung oder bei der Hilfe bei der Selbsttötung aus medizinischer Sicht sorgfältig vorgegangen sein.

Das niederländische Sterbehilfegesetz enthält eine ergänzende Regelung[36] für Patienten, die das 16. Lebensjahr vollendet haben und nicht (mehr) in der Lage sind, ihren Willen zu äußern, jedoch vor Eintritt dieses Zustands als zur vernünftigen Beurteilung ihrer Interessen fähig betrachtet werden konnten und eine schriftliche Erklärung abgegeben haben, die ein Ersuchen um Lebensbeendigung beinhaltet. Unter diesen Voraussetzungen kann der Arzt bei der Anwendung vorstehender Sorgfaltskriterien dem Ersuchen Folge leisten. Für den Minderjährigen sieht das Gesetz[37] außerdem Bestimmungen vor, in denen unterschieden wird, ob der Patient zwischen sechzehn und achtzehn Jahre oder zwölf und sechzehn Jahre alt ist. Im ersten Fall müssen die Eltern nur zu der Entscheidung hinzugezogen werden, im zweiten Fall müssen sich die Eltern mit dem Ersuchen einverstanden erklären. Nach Durchführung der Sterbehilfe prüft eine Kommission aufgrund des Berichts des Leichenbeschauers und des Berichts des Arztes, der aktiv Sterbehilfe geleistet hat, ob der Arzt gemäß den Bedingungen des

33 Vgl. Art. 2.

34 Vgl. Art. 7 Abs. 2; vgl. hierzu *Saliger*, KritV 2001, 383; *Janssen*, ZRP 2001, 180 f.; auch *Gordijn*, KritV 2001, 463.

35 Vgl. Art. 2 Abs. 1 des Sterbehilfegesetzes.

36 Vgl. Art. 2 Abs. 2 des Sterbehilfegesetzes.

37 Vgl. Art. 2 Abs. 3 des Sterbehilfegesetzes.

Gesetzes bzw. den dort festgelegten Sorgfaltskriterien gehandelt hat. Diese gesetzlichen Prüfungskommissionen[38] – fünf regionale an der Zahl – haben als Mitglieder einen Juristen als Vorsitzenden, einen Arzt und einen Sachverständigen für ethische Fragen. Die jeweilige Kommission kann den Arzt bitten, seinen Bericht mündlich oder schriftlich zu ergänzen, insofern dies für eine richtige Beurteilung des Handelns des Arztes notwendig ist.[39] Zentrales Element des niederländischen Regelwerkes und der aktiven Sterbehilfe ist jedenfalls der Wunsch des Patienten zu sterben, wobei das entsprechende Ersuchen *ausdrücklich* geäußert sein muss; die bloße Annahme eines Ersuchens etwa bei einem Patienten, der seinen Willen nicht mehr äußern kann, ist deshalb nicht ausreichend. Rechtlich möglich ist jedoch, dass der noch gesunde oder artikulationsfähige Mensch eine sog. Aktive-Sterbehilfe-Erklärung abgibt, in der er genau beschreibt, unter welchen Umständen er aktive Sterbehilfe bekommen will, und eventuell, wen er als Vertreter benennt, falls der eigene Wille nicht mehr ausgedrückt werden kann.[40] Die bisherigen Erfahrungen mit der Liberalisierung der Sterbehilfe durch das niederländische Sterbehilfegesetz scheinen allerdings durchaus bemerkenswert[41]: Entgegen der Absicht des niederländischen Gesetzgebers, die Rechtssicherheit der Ärzteschaft zu erhöhen, würde der Wegfall der Strafandrohung auf Seiten der Patienten zunehmend umgedeutet in einen rechtlichen oder wenigstens moralischen Anspruch auf ärztliche Tötung. Ein niederländischer Arzt beschreibt die Entwicklung so: „Wir Ärzte sind durch das Gesetz über eine Grenze gerückt worden. Die Patienten bitten nicht mehr, sie fordern. So haben wir das nicht gemeint."

Um abschließend noch ein Bild zu den Zahlen in den Niederlanden zu geben[42]: im Jahr 2000 etwa wurden 2123 Meldungen an die zuständige Prüfungskommission abgegeben, durchschnittlich also 177 Fälle pro Monat. Dabei soll es sich in 1866 Fällen um aktive Sterbehilfe, in 213 um Hilfe bei der Selbsttötung und in 44 Fällen um eine Kombination von beiden gehandelt haben. Unberücksichtigt dabei bleiben musste allerdings die Dunkelziffer, d. h. solche Fälle, die von Sterbehilfe leistenden Ärzten nicht gemeldet wurden. Wie die statistischen Erhebungen zeigen, nehmen die gemeldeten Fälle im Unterschied zu den Vorjahren 1995, 1996 und 1990 aber eher ab.

---

[38] Vgl. im Einzelnen Art. 3 ff. des Sterbehilfegesetzes.

[39] Vgl. auch *de Groot*, BtPrax 6/2001, 228; *Janssen*, ZRP 2001, 181 f.

[40] *De Groot*, BtPrax 6/2001, 225.

[41] So jedenfalls *Kamphaus*, FAZ vom 30.09.2003, S. 8.

[42] Vgl. im Einzelnen informativ *de Groot*, BtPrax 6/2001, 228 f. m.w.N.

2. Rechtsentwicklungen in weiteren Ländern der EU

a) Belgien und Luxemburg

Nach den Niederlanden hat auch Belgien am 16.05.2002 ein Sterbehilfegesetz, bezeichnet als „Euthanasiegesetz", verabschiedet.[43] „Euthanasie" wird hier definiert als das vorsätzliche lebensbeendende Handeln eines Dritten auf ausdrückliches Ersuchen des Betroffenen, wobei das Gesetz nur für handlungs- und zurechnungsfähige Erwachsene oder unmündige Minderjährige gilt, nicht dagegen für geistig Behinderte und Demenzpatienten. Der Ablauf der Sterbehilfe nach belgischem Recht lässt sich wie folgt zusammenfassen[44]:

Der Sterbehilfe-Antrag geht vom Patienten mittels einer mündlichen oder schriftlichen Willenserklärung aus, wobei kein Arzt gezwungen werden kann, die Sterbehilfe durchzuführen und niemand gezwungen werden kann, daran mitzuwirken. Die Absichtserklärung des Patienten gilt für den Fall, dass der Patient seinen Willen nicht mehr kundtun kann, sie kann zu jedem Zeitpunkt redigiert, abgeändert oder rückgängig gemacht werden und darf nicht älter als fünf Jahre sein. Der Arzt muss sicher sein, dass der Patient an einer ernsthaften und nicht heilbaren, durch Unfall oder Krankheit verursachten Affektion leidet. Es muss sicher sein, dass der Patient nicht mehr bei Bewusstsein und sein Zustand unumkehrbar nach dem aktuellen wissenschaftlichen Stand ist. Ein zweiter Arzt muss beratend hinzugezogen werden. Dieser muss ein Spezialist für die Krankheit sein, an der der Patient leidet. Das Pflegeteam muss an der Besprechung über die Absichtserklärung teilnehmen, ebenso wie die Familienmitglieder und eine eventuelle Vertrauensperson. Der Arzt macht sich nicht strafbar (Strafausschließungsgrund), wenn er die vom Gesetz vorgeschriebenen Voraussetzungen und Verfahrensabläufe beachtet, was bedeutet, dass

- der Patient im Augenblick seiner Absichtserklärung erwachsen, handlungs- und zurechnungsfähig ist,
- das Ersuchen freiwillig, überlegt und wiederholt sowie ohne Druck von außen erfolgt,
- der Patient sich in einer medizinisch ausweglosen Lage befindet, dauerhaft und unerträglich physisch oder psychisch leidet und

---

[43] Abgedr. im „Moniteur Belge" vom 22.06.2002; vgl. auch Belgisch Kamer van Volksvertegenwoorbigers, Wetsontwerp betreffende de euthanasie vom 05.11.2001 (DOC 50 1488/001).

[44] Vgl. im Einzelnen Art. 3 und Art. 4 belgisches Euthanasiegesetz.

- diese Leiden, die die Folgen einer ernsthaften und nicht heilbaren, durch Unfall oder Krankheit verursachten Affektion sind, nicht gelindert werden können.

Der Arzt ist in jedem Fall verpflichtet,

- den Patienten über dessen Gesundheitszustand und Lebenserwartungen aufzuklären, sich mit dem Patienten über dessen Sterbehilfeantrag zu beraten und mit ihm die möglicherweise verbleibenden therapeutischen Alternativen sowie die Sterbehilfe zu besprechen,
- sich der anhaltenden physischen oder psychischen Schmerzen des Patienten und der Dauerhaftigkeit seiner Entscheidung zu versichern und
- einen anderen, unabhängigen Arzt, das Pflegeteam und – wenn der Patient es will – die nächsten Familienmitglieder zu konsultieren.

Erfasst wird durch das belgische Gesetz auch der Fall, dass sich der Patient noch nicht in einem Endstadium seiner Erkrankung befindet. Hier geht die belgische Regelung deutlich über das niederländische Gesetzeswerk hinaus.[45] In diesem Fall

- muss der Patient seinen Antrag auf Sterbehilfe schriftlich stellen und unterzeichnen,
- muss der behandelnde Arzt einen zweiten Arzt konsultieren, der Psychiater oder Spezialist in der Krankheit ist, an der der Patient leidet und
- muss der Arzt mindestens einen Monat zwischen dem Antrag und der Sterbehilfe warten.

In der Patientenakte müssen alle diese Schritte eingetragen werden. Die Kontrolle der Durchführung dieser Abläufe obliegt einer föderalen Kontroll- und Auswertungskommission. Das belgische Gesetzeswerk, das auch erstmals eine psychische Krankheit als Sterbegrund anerkennt, was äußerst problematisch erscheint, soll in 2 Jahren erneut überprüft werden, um dann festzustellen, wie tragfähig seine Einzelregelungen sind. Nach seiner Verabschiedung ist das belgische Gesetz zur Sterbehilfe ähnlich wie das niederländische Regelwerk auf breite Ablehnung, vor allem in Deutschland[46], gestoßen.

---

[45] Vgl. auch *Herzinger*, Die Zeit v. 23.05.2002, S. 1; DÄBl. 2002, A-1400.

[46] So sprach das Bundesjustizministerium vom „falschen Weg", der Bundesärztekammerpräsident *Hoppe* von „ethischer Abwärtsspirale", vgl. *Hoppe*, Süddt. Zeitung v. 18.05.2002, S. 6.

Nach dem Vorbild Belgiens haben Abgeordnete in Luxemburg (LSAP/Déi gréng) im Februar 2002 einen Gesetzesvorschlag zur aktiven Sterbehilfe vorgelegt.[47] Aufgrund des Widerstands der luxemburgischen Regierung und der Kirche[48] blieb es bislang allerdings bei diesem Entwurf. Der wesentliche Unterschied zu dem Regelwerk aus Belgien besteht darin, dass in Luxemburg eine Commission Nationale de Contrôle et d' Evaluation geschaffen werden soll, die *vor* jeder Anwendung von aktiver Sterbehilfe nach ihrem Einverständnis gefragt werden muss. Diese Kommission soll sich aus neun Mitgliedern zusammensetzen, drei Ärzten, drei Personen, die in unmittelbarem Kontakt zu dem unheilbar kranken Patienten stehen, sowie drei Personen aus der Zivilbevölkerung.

b) Sonstige[49]

In Dänemark besagt das dänische Gesetz zum Patientenrecht („Lov om patienters retsstilling") von 1998, dass passive Sterbehilfe, wie z. B. das Beenden einer Behandlung bei einem unheilbar erkrankten Patienten, legal ist. Aktive Sterbehilfe und die Beihilfe zum Selbstmord sind verboten. In Finnland umfasst das 1993 in Kraft getretene Patientengesetz auch Regelungen zur Sterbehilfe („Euthanasie"). In Finnland wird zwischen aktiver und passiver Sterbehilfe unterschieden. Aktive Sterbehilfe ist nicht erlaubt, passive Sterbehilfe ist dagegen möglich. In Frankreich ist Sterbehilfe grundsätzlich verboten, gleichgültig, von wem sie ausgeführt wird, da „keine Person das Recht hat, vorsätzlich den Tod herbeizuführen" (Richtlinie zur ärztlichen Ethik, Artikel 38). Sterbehilfe wird hier als unvereinbar mit dem Gesetz, der ärztlichen Praxis und der allgemeinen Ethik angesehen, einer Person, die Sterbehilfe leistet, drohen sowohl strafrechtliche als auch – soweit aus dem ärztlichen Bereich jemand tätig ist - disziplinarische Konsequenzen. In der Praxis wird eine „therapeutische Enthaltung", also die passive Sterbehilfe toleriert. In Großbritannien verlangt die Erklärung zu den Menschenrechten von 1998, human rights act, dass das Recht eines jeden Menschen auf Leben vom Gesetz geschützt wird. Aktive Sterbehilfe ist in Großbritannien eine Straftat und wird wie Mord behandelt, d. h. möglicherweise mit einer lebenslänglichen Freiheitsstrafe geahndet. Pati-

---

47 Proposition de Loi sur le droit de mourir en dignité der Abgeordneten Lydie Err und Jean Huss v. 05.02.2002 (eingereicht), vgl. dossier parlmentaire v. 19.02.2002, Nr. 4909.

48 Vgl. hierzu CSV Press-Info v. 29.05.2002 und Luxemburger Wort vom 30.05.2002.

49 Zum vorliegenden Überblick s. http://www.bionetonline.org/deutsch/Content/II_leg2.htm.

enten können aber eine lebensverlängernde Behandlung ablehnen. In einigen Fällen kann ein Arzt eine medizinische Behandlung aus ethisch und gesetzlich vertretbaren Gründen abbrechen, wenn die Fortsetzung der Behandlung aussichtslos ist oder wenn keine Verbesserungen erzielt werden können. Vor kurzem konzentrierte sich die in der Öffentlichkeit geführte Sterbehilfediskussion im ersten Halbjahr 2002 auf den Fall der schwerstkranken 43-jährigen Britin Diane Pretty, die aufgrund einer Nervenerkrankung (Amyotropher Lateralsklerose, kurz: ALS) vom Hals abwärts völlig gelähmt war und der ein Erstickungstod drohte.[50] Diane Pretty hatte vergeblich versucht, im November 2001 beim obersten britischen Zivilgericht die Zusicherung zu erstreiten, dass ihr Ehemann straffrei bleibt, wenn er ihr auf eigenen Wunsch beim Sterben hilft. Ihrem Weg zum Europäischen Gerichtshof für Menschenrechte (EGMR), mit dem Ziel der Revidierung der höchstrichterlichen britischen Entscheidung, blieb ebenfalls der Erfolg versagt. Mit Urteil vom 29.04.2002 lehnte der EGMR[51] mit einstimmigem Votum der sieben Richter das Gesuch von Diane Pretty auf Straffreiheit ihres Ehemanns für aktive Sterbehilfe ab. Nach Auffassung des Gerichts garantiere die Europäische Menschenrechtskonvention kein Recht auf aktive Sterbehilfe. Das Grundrecht auf Leben[52] schließe nicht das Recht auf Selbsttötung ein, so das Gericht. Das Recht auf Leben verbiete es einem Staat nicht nur, jemand illegal und vorsätzlich zu töten, er sei auch verpflichtet, Leben zu schützen und zu erhalten. Auch lasse sich aus dem Recht auf Leben weder ein diametral entgegengesetztes Recht auf Sterben ableiten noch „ein Recht auf Selbstbestimmung in dem Sinn, dass es jedem Individuum das Anrecht gibt, eher den Tod als das Leben zu wählen“.[53] Der EGMR sah in dem britischen Sterbehilfeverbot u. a. auch keine Diskriminierung der Beschwerdeführerin im Sinn von Artikel 14 EMRK, nach deren Auffassung sie außerdem gegenüber Gesunden diskriminiert werde, die sich ohne Hilfe Dritter selbst und straffrei das Leben nehmen könnten. Nach Ansicht des Gerichts gibt es eine sachliche und vernünftige Rechtfertigung dafür, nicht grundsätzlich zwischen Personen, die physisch in der Lage sind, Selbstmord zu begehen, und solchen, die das nicht sind, zu unterscheiden.[54] Das Urteil wurde in Deutschland insbesondere von der deut-

---

[50] Vgl. *Klein*, Süddt. Zeitung v. 14.05.2002, S. 12 und Süddt. Zeitung v. 28.05.2001, S. 20; DÄBl. 2002, A-1328.

[51] AZ.: 2346/02 (Pretty/Vereinigtes Königreich), NJW 2002, 2851; vgl. hierzu auch *Wirtz*, Süddt. Zeitung v. 30.04.2002, S. 1; *Adam*, Die Welt v. 30.04.2002, S. 8.

[52] Vgl. Art. 2 Abs. 2 EMRK (Europäische Menschenrechts-Konvention).

[53] EGMR, NJW 2002, 2852.

[54] EGMR, NJW 2002, 2855.

schen Hospiz-Stiftung und dem Bundesärztekammer-Präsidenten Hoppe[55] begrüßt. Wenige Tage nach Ergehen der Entscheidung des Europäischen Gerichtshofs für Menschenrechte verstarb Diane Pretty.

In Portugal wird unterschieden zwischen aktiver und passiver Sterbehilfe, letztere wird oft auch als Beihilfe zum Selbstmord bezeichnet. Beide sind in Portugal verboten und beide werden, wenn sie nachgewiesen werden, mit einer Haftstrafe bis zu drei Jahren bestraft. In Spanien werden Sterbehilfe und Beihilfe zum Selbstmord nach der Strafgesetzordnung als Straftaten angesehen. Sterbehilfe und Beihilfe zum Selbstmord werden dabei unter Strafe gestellt, das Strafmaß ist aber herabgesetzt, wenn die Tat auf die ausdrückliche, wohl überlegte unmissverständliche Bitte des Getöteten erfolgte und wenn dieser an einer ernsthaften, notwendigerweise zu seinem Tode führenden Erkrankung litt oder ein ernstes, schwer zu ertragendes und dauerhaftes Leiden hatte.

IV. Deutsches Recht

1. Straf- und Zivilrecht

a) Geltendes Recht und Rechtsprechung

Das Recht der Sterbehilfe in Deutschland wurde bislang vom Strafrecht dominiert.[56] Aktive Sterbehilfe ist als Tötung auf Verlangen nach § 216 StGB strafbar.[57] In den übrigen Fällen von Sterbehilfe prägt die Strafrechtsprechung ihre Zu- oder Nichtzulässigkeit.[58] So steht seit der Entscheidung des Bundesgerichtshofs vom 13.09.1994[59] im sog. Kemptener Sterbehilfefall in Abkehr von der alten Rechtsprechungsmaxime fest, dass bei einem unheilbar Kranken, nicht mehr entscheidungsfähigen Patienten der Abbruch einer ärztlichen Heilbehandlung oder sonstiger Maßnahmen ausnahmsweise auch dann gerechtfertigt sein kann, wenn die Voraussetzungen der von der Bundesärztekammer verabschiedeten Richtlinien für die Sterbehilfe (seinerzeit: aktualisierte Fassung vom Juli 1993) nicht vorlie-

---

55 *Hoppe*, RNZ v. 30.04./01.05.2002, S. 15.

56 *Saliger*, KritV 2001, 387 ff. m.w.N.; vgl. auch *Bauer*, BtPrax 2/2002, 60, 60 f. m.w.N.

57 Vgl. nur etwa *Uhlenbruck* (Fn. 14), § 132 Rdnr. 7 m.w.N.; auch *Kutzer*, MedR 2001, 77, 78.

58 *Saliger*, KritV 2001, 389 m.w.N.; *Bauer*, BtPrax 2/2002, 60 f. sowie *Scholten*, BtPrax 6/2001, 232 f., jew. m.w.N.

59 BGHSt 40, 257 = NJW 1995, 204; vgl. hierzu z. B. *Bauer*, BtPrax 6/2001, 60; *Schreibauer*, BtPrax 6/1997, 217.

gen, weil der Sterbevorgang noch nicht eingesetzt hat. Es handelt sich hier um den Fall einer sog. „Hilfe *zum* Sterben". Angesichts der bisherigen strafgerichtlichen Dominanz verwundert es auch nicht, dass der Bundesgerichtshof gerade in dieser Entscheidung die Perspektivenerweiterung hin zum Zivilrecht über die Frage der vormundschaftsgerichtlichen Genehmigung der Einwilligung eines Betreuers in passive Sterbehilfe angestoßen hat.[60] Nach Auffassung des BGH-Strafsenats bedarf danach die Einwilligung des gesetzlichen Betreuers in die Änderung des Behandlungsziels hin zur Hilfe zum Sterben der betreuungsrechtlichen Genehmigung des Vormundschaftsgerichts.[61] Das Oberlandesgericht Frankfurt a. M. hat sich dieser – betreuungsrechtlich höchst umstrittenen – BGH-Entscheidung in seiner von den Medien stark beachteten Entscheidung vom 15.08.1998[62] für das Betreuungsrecht angeschlossen. Diese Auffassung hat das Oberlandesgericht Frankfurt a. M. auch in seiner jüngsten Entscheidung vom 20.11.2001[63] vor dem Hintergrund der zum 01.01.1999 in Kraft getretenen Neufassung des § 1904 BGB durch das Betreuungsrechtsänderungsgesetz (BtÄndG) bekräftigt. Nicht nur die deutsche Zivilgerichtsbarkeit, sondern auch die deutsche Zivilrechtswissenschaft hat den seinerzeitigen „Diskussionsanstoß" des BGH-Strafsenats im Kemptener Urteil begierig aufgegriffen, was vor allem durch den 63. Deutschen Juristentag 2000 unterstrichen wird, auf dem in der zivilrechtlichen Abteilung die Frage diskutiert wurde, ob sich zivilrechtliche Regelungen zur Absicherung der Patientenautonomie am Ende des Lebens empfehlen.[64] Neben betreuungsrechtlichen Fragen bei der Sterbehilfe werfen vor allem Patientenverfügung und Vorsorgevollmacht[65] sowie allgemeine Stellvertretungsprobleme bei einwilligungsunfähigen und minderjährigen todkranken Patienten wichtige zivilrechtliche Fragestellungen auf, die eine „Mitzuständigkeit" des Zivilrechts bei der Diskussion um die Sterbehilfe begründen.[66]

---

60 *Saliger*, KritV 2001, 389; *Bauer*, BtPrax 2/2002, 61.

61 Analog § 1904 BGB a. F.

62 OLG Frankfurt a. M., NJW 1998, 2747; vgl. hierzu *Bauer*, BtPrax 2/2002, 61; *Schneider*, PflegeRecht 1/2000, 7; auch *Kutzer*, MedR 2001, 78.

63 Unveröffentlicht, vgl. hierzu ebenfalls *Bauer*, BtPrax 2/2002, 61 m.w.N.

64 63. Dt. Juristentag Leipzig 2000, Band II/1 Referat K 29/34; vgl. auch *Spickhoff*, NJW 2001, 1757, 1765.

65 Vgl. hierzu etwa *Stier/Wurm/Wurm*, Patiententestament, 2001; *Wienke/Lippert*, Der Wille des Menschen zwischen Leben und Sterben – Patientenverfügung und Vorsorgevollmacht, 2001.

66 *Saliger*, KritV 2001, 389; s. ausführl. *Uhlenbruck* (Fn. 14), § 58 Rdnrn. 6 ff., § 132 Rdnrn. 31 ff. m.w.N.; auch *Vossler*, ZRP 2002, 295 m.w.N.; *Schimmelpfeng-Schütte*, MedR 2002, 146, 147; zu verschiedenen zivilrechtlichen Fragestellungen informativ auch *Laufs*, NJW 2000, 1759 ff. m.w.N; s. aktuell

b) Sterbehilfe und Patientenverfügung – Planungssicherheit am Lebensende?[67]

In einem beachtenswerten Beschluss hat der 12. Zivilsenat des BGH am 17.03.2003[68] festgestellt, dass bei einem Patienten, der einwilligungsunfähig ist und dessen Grundleiden einen irreversiblen tödlichen Verlauf angenommen hat, lebenserhaltende oder –verlängernde Maßnahmen unterbleiben müssen, wenn dies seinem zuvor – z. B. in Form einer Patientenverfügung – geäußerten Willen entspricht. Dies folge – so das Gericht – aus der Würde des Menschen, die es gebietet, sein in einwilligungsfähigem Zustand ausgeübtes Selbstbestimmungsrecht auch dann noch zu respektieren, wenn er zu eigenverantwortlichem Entscheiden nicht mehr in der Lage ist.

Vorliegend ging es um einen Patienten, der infolge eines Herzinfarktes einen irreversiblen Gehirnschaden erlitten hatte, nicht mehr ansprechbar war und über eine Magensonde ernährt wurde. Der Betroffene hatte bereits 1998 folgende handschriftliche Verfügung getroffen:

Verfügung

Für den Fall, dass ich zu einer Entscheidung nicht mehr fähig bin, verfüge ich:

Im Fall meiner irreversiblen Bewusstlosigkeit, schwerster Dauerschäden meines Gehirns und des dauernden Ausfalls lebenswichtiger Funktionen meines Körpers oder im Endstadium einer zum Tode führenden Krankheit, wenn die Behandlung nur noch dazu führen würde, den Vorgang des Sterbens zu verlängern, will ich:

- keine Intensivbehandlung,
- Einstellung der Ernährung,

BGH, NJW 2003, 1588; hierzu s. *Deutsch*, NJW 2003, 1567; und *Stackmann*, NJW 2003, 1568.

67 Siehe die gleichnamige Tagung des BioSkop e. V., Essen, v. 18. und 19.10.2002 sowie die dazugehörige Dokumentation in BIOSKOP – Die Zeitschrift zur Beobachtung der Biowissenschaften, 2003, S. 42 ff.; zur Thematik s. ferner *Baumgarten*, The right to die?, 2. Aufl. 2000; Nationaler Ethikrat, Niederschrift über das Forum Bioethik (Wortprotokoll) zum Thema „Zwischen Fürsorge und Selbstbestimmung - Über die Grenzen von Patientenautonomie und Patientenverfügung" am 11. Juni 2003, Berlin.

68 NJW 2003, 1588; vgl. hierzu *Hufen*, ZRP 2003, 248.

- nur angst- oder schmerzlindernde Maßnahmen, wenn nötig,
- keine künstliche Beatmung,
- keine Bluttransfusionen,
- keine Organtransplantation,
- keinen Anschluss an eine Herz-Lungen-Maschine.

Meine Vertrauenspersonen sind ...(es folgen die Namen und Adressen der Ehefrau sowie des Sohnes und der Tochter).

Diese Verfügung wurde bei klarem Verstand und in voller Kenntnis der Rechtslage unterzeichnet.

Lübeck, den 27.11.1998, H.S.

Im April 2002 hat der Sohn des Patienten beim zuständigen Amtsgericht „die Einstellung der Ernährung über die PEG-Sonde" für seinen Vater beantragt, da eine Besserung des Zustandes seines Vaters nicht zu erwarten sei und die Einstellung dem früher geäußerten Wunsch seines Vaters entspreche. Der Sohn war zuvor als Betreuer für seinen Vater vom Amtsgericht bestellt worden. Nachdem das Amtsgericht diesen Antrag des Sohnes zurückgewiesen hatte und auch das Landgericht seiner Beschwerde nicht stattgab, wurde der BGH mit der Angelegenheit befasst. Über die bereits angeführten Feststellungen hinaus, stellte der BGH in seiner Entscheidung weiter fest: Ist für einen Patienten ein Betreuer bestellt, so hat dieser dem Patientenwillen gegenüber Arzt und Pflegepersonal in eigener rechtlicher Verantwortung und nach Maßgabe des § 1901 BGB Ausdruck und Geltung zu verschaffen. Seine Einwilligung in eine ärztlicherseits gebotene lebenserhaltende oder -verlängernde Behandlung kann der Betreuer jedoch nur mit Zustimmung des Vormundschaftsgerichts wirksam verweigern.[69] Für eine Einwilligung des Betreuers und eine Zustimmung des Vormundschaftsgerichts ist kein Raum, wenn ärztlicherseits eine solche Behandlung oder Weiterbehandlung nicht angeboten wird - sei es, dass sie von vornherein medizinisch nicht indiziert, nicht mehr sinnvoll oder aus sonstigen Gründen nicht mehr möglich ist.

[69] Die Entscheidungszuständigkeit des Vormundschaftsgerichts ergibt sich dabei laut BGH nicht aus einer analogen Anwendung des § 1904 BGB, sondern aus einem „unabweisbaren Bedürfnis des Betreuungsrechts".

2. Verfassungsrechtliche Dimension

a) Patientenwille und Menschenwürde

Das vornehmste und unantastbarste Grundrecht des Menschen ist die Menschenwürde, verstanden als der soziale Wert- und Achtungsanspruch, der dem Menschen wegen seines Menschseins zukommt.[70] Da die grundgesetzliche Garantie der Menschenwürde keinerlei Beschränkungsmöglichkeiten unterliegt, kann sie auch nicht durch Rückgriff auf andere Verfassungsgüter angetastet werden. So stehen häufig die in Art. 1 geschützte Menschenwürde und im Grundrecht auf Leben und körperliche Unversehrtheit aus Art. 2 Abs. 2 GG gewährten Garantien in einem partiellen Spezialitätsverhältnis. Der Lebensschutz beim Patienten wird primär durch Art. 2 Abs. 2 GG, nicht durch Art. 1 GG gewährleistet, denn nicht jede Beendigung von Leben stellt zugleich auch eine Menschenwürdeverletzung dar.[71] Zur Konkretisierung der Frage, wann die Würde des Menschen als verletzt anzusehen und damit der Schutzbereich des Art. 1 Abs. 1 GG betroffen ist, kann als wegweisend die im Laufe der Jahrzehnte geradezu kanonisierte Objektformel[72] herangezogen werden, wonach die Menschenwürde immer dann betroffen ist, wenn der konkrete Mensch zum bloßen Objekt, zu einem bloßen Mittel, zu vertretbarer Größe herabgewürdigt wird. Gerade diese Formel gewinnt im Zusammenhang mit den Erscheinungsformen menschlichen Sterbens beklemmende Aktualität, da der Mensch nicht nur davor bewahrt werden soll, Objekt staatlicher Gewalt zu sein, sondern sein Wille insbesondere auch verletzt ist, wenn er zum willenlosen, passiven Objekt der Intensivmedizin gemacht wird, ohne dass der Fortsetzung der Behandlung noch irgendein seinerseits durch Lebensschutz und Menschenwürde gerechtfertigter Sinn abzugewinnen ist.[73] Neben der grundgesetzlich verbürgten Garantie der Achtung der Menschenwürde schreibt Art. 1 Abs. 1 S. 2 GG den „Schutz" der Würde des Menschen durch den Staat vor. Damit ist der Schutz gegen Angriffe auf die Menschenwürde durch Andere gemeint.[74] So muss der Staat vor allem

---

70 BVerfGE 87, 209, 228; *Jarass*, in: *Jarass/Pieroth*, GG, 6. Aufl. 2002, Art. 1 Rdnr. 5.

71 *Hufen*, NJW 2001, 850; *Höfling*, in: *Sachs* (Hrsg.), GG, 2. Aufl. 1999, Art. 1 Rdnr. 11, jew. m.w.N.

72 Geprägt von *Günter Dürig*; zur „Objektformel" vgl. etwa *Höfling* (Fn. 70), Art. 1 Rdnr. 13 m.w.N.; ausführl. hierzu *Bleckmann*, Staatsrecht II, 4. Aufl. 1997, § 21 Rdnrn. 33 ff., insbes. m. Hinw. auf die BVerfG-Rechtsprechung.

73 *Hufen*, NJW 2001, 851; auch *Höfling*, JuS 2000, 111, 114.

74 BVerfGE 1, 97, 104; *Dürig* (1958), in: *Maunz/Dürig*, GG, Art. 1 Rdnr. 38; *Jarass* (Fn. 69), Art. 1 Rdnr. 9.

privatrechtliche und öffentlich-rechtliche Vorschriften erlassen, die die Beeinträchtigung der Würde des Menschen verhindern, wobei ihm allerdings ein erheblicher Spielraum zukommt.[75] Der hieraus resultierende Schutzanspruch des schwerstkranken Patienten gegenüber dem Staat, also des einzelnen Menschen, der über seine Würde bestimmt, betrifft dessen Schutz vor Fremdbestimmung auch und gerade in den Grenzsituationen des Lebens und am Lebensende. Danach können der gewünschte Abbruch lebenserhaltender medizinischer Maßnahmen oder das Verlangen nach Höherdosierung von Schmerzmitteln, aber auch der Wunsch nach aktiver Lebensbeendigung durch Dritte zur Leiderlösung Ausdruck menschenwürdiger Selbstbestimmung, die zwangsweise Ernährung und die allein auf die Lebenserhaltung zielende Verweigerung starker Schmerzmittel dagegen durch nichts zu rechtfertigende Eingriffe in die Menschenwürde sein.[76]

b) Selbstbestimmungsrecht des Patienten

Die Gewährleistung der Menschenwürde in Art. 1 Abs. 1 GG wird durch die nachfolgenden Grundrechte konkretisiert. Das der Selbstbestimmung des Menschen immanente Recht auf einen menschenwürdigen Tod ist grundrechtlich gewährleistet, da es keinen legitimen Grund gibt, der es rechtfertigen könnte, den Einzelnen gegen seinen Willen durch medizinische Maßnahmen am Leben zu erhalten; der ernsthafte, ggf. auch antizipiert erklärte Patientenwille ist unbedingt zu respektieren.[77] Diese Freiheit des Sterbens wird mit der Begründung, der Tod sei Teil der natürlichen Existenz des Menschen, auf den Autonomiegehalt von Art. 2 Abs. 2 S. 1 GG (Grundrecht auf Leben und körperliche Unversehrtheit) gestützt.[78] Ihre Gewährleistung folgt aber bereits aus dem Grundrecht der allgemeinen Handlungsfreiheit in Art. 2 Abs. 1 GG. Das hier verankerte allgemeine Persönlichkeitsrecht schützt „die engere persönliche Lebenssphäre und die Erhaltung ihrer Grundbedingungen“.[79] Es geht dabei im Wesentlichen um

---

[75] *Jarass* (Fn. 69), Art. 1 Rdnr. 9 m.w.N.; s. auch BVerfGE 46, 160, 164; 77, 170, 219.

[76] Vgl. in diesem Sinne auch *Hufen*, NJW 2001, 851.

[77] Vgl. *Knopp*, MedR 2003, 384.

[78] *Murswiek*, in: *Sachs* (Fn. 70), Art. 2 Rdnr. 212 m.w.N.; vgl. auch *Czerner*, MedR 2001, 356 u.a. m. Hinw. auf *Wassermann*, DRiZ 1986, 291, 292, wonach aus Art. 2 Abs. 2 S. 1 GG aber kein „Recht auf den eigenen Tod“ ableitbar ist.

[79] *Jarass* (Fn. 69), Art. 2 Rdnr. 30 m. Hinw. auf BVerfGE 54, 148, 153; 72, 155, 170.

den Schutz der „personalen Identität“[80], die gerade auch das Recht schützt, lebensverlängernde Maßnahmen unterbinden zu können, wenn ein menschenwürdiges Leben nur schwer möglich ist.[81] Im Ergebnis kommt es aber auf eine exakte Zuordnung menschlicher Selbstbestimmung zu einem der beiden in Art. 2 GG enthaltenen Grundrechte nicht an, da das Recht der Selbstbestimmung über den eigenen Körper in den Kernbereich der durch Art. 1 und Art. 2 GG insgesamt geschützten menschlichen Würde und Freiheit gehört.[82] Dieses Recht auf Selbstbestimmung enthält auch das Recht auf Selbstgefährdung bis hin zur Selbstaufgabe und damit letztlich auch das Recht, über das eigene Leben zu verfügen.[83] Nicht nur der mit vollem Bewusstsein willentlich nach Sterbehilfe verlangende Patient kann sich auf das Recht auf Selbstbestimmung berufen, sondern auch der aus Sicht des nicht mehr äußerungsfähigen Menschen zu interpretierende mutmaßliche Wille ist durch die angesprochenen Grundrechte verfassungsrechtlich geschützt.[84] Dies gilt nicht nur für physisch Schwerstkranke, sondern auch für - psychisch - Schwerstbehinderte.[85] An die Stelle des einwilligungsunfähigen Patienten, der seinen Willen nicht mehr äußern kann, tritt hier der gesetzliche oder rechtsgeschäftliche Vertreter, aber auch Ärzte, Seelsorger und letztlich die Gerichte, die den mutmaßlichen subjektiven Willen des Patienten zu interpretieren, nicht aber kraft eigenen Rechts zu bestimmen haben, in der Praxis häufig eine extrem schwierige Frage, geht es doch um den vermuteten Ausdruck des eigenen Selbstbestimmungsrechts und nicht um einen „objektivierten Willen“ oder „allgemeine Wertvorstellungen der Gemeinschaft“.[86]

Das Grundrecht auf Leben und körperliche Unversehrtheit in Art. 2 Abs. 2 GG schützt das Leben jedes Menschen als „Höchstwert innerhalb der verfassungsrechtlichen Ordnung“. Dieses Recht auf Leben beinhaltet auch das Recht auf Selbstbeschädigung durch den Grundrechtsträger, es sei denn, es ginge darum, die Selbstbestimmung des Einzelnen und ihrer Vor-

---

80 *Jarass*, ebd. m.w.N.

81 *Jarass* (Fn. 69), Art. 2 Rdnr. 8 m.w.N.

82 *Hufen*, NJW 2001, 851.

83 So etwa *Wassermann*, DRiZ 1986, 293; *Kunig*, in: *v. Münch/Kunig* (Hrsg.), GG I, 5. Aufl. 2000, Art. 2 Rdnr. 50; vgl. auch *Scholten*, BtPrax 6/2001, 234, wonach hier grundrechtlich ein Recht auf Leben, aber keine „Pflicht zum Leben“ verbürgt sei; a.A. z. B. *Dürig* (1958) in: *Maunz/Dürig*, GG, Art. 2 Rdnr. 12, wonach das Grundrecht „auf“ Leben prinzipiell kein Verfügungsrecht „über“ das eigene Leben enthält; in diesem Sinne auch BayVerfGH, NJW 1989, 1790.

84 Vgl. auch *Hufen*, NJW 2001, 852.

85 BVerfG, NJW 1998, 1774.

86 Zu Recht *Hufen*, NJW 2001, 852.

aussetzungen zu wahren.[87] Wenn der Betreffende den Entschluss, sich zu töten, bei völlig klarem Bewusstsein gefasst hat, gibt es nicht nur keine staatliche Schutzpflicht, sondern auch keine Berechtigung, ihn daran zu hindern. Im Hinblick auf die vorliegende Thematik ist das Recht auf einen menschenwürdigen Tod in dem Sinne grundrechtlich gewährleistet, dass es keinen legitimen Grund gibt, der es rechtfertigen könnte, den Einzelnen gegen seinen Willen durch medizinische Maßnahmen am Leben zu erhalten. Der ausdrücklich erklärte Patientenwille, auch vor dem Beginn der eigentlichen Sterbephase, ist unbedingt zu respektieren.[88] Demgegenüber ergibt sich aus Art. 2 Abs. 2 S. 1 GG eine Schutzbefugnis des Staates, die die Handlungsfreiheit, resp. das Selbstbestimmungsrecht, in gewissem Umfang beschränkt. Aufgrund des großen Gewichts der Entscheidungsfreiheit des betroffenen Patienten kann aber die passive Sterbehilfe vom Staat nicht unterbunden werden, Voraussetzung ist, dass der Betroffene zu einer selbstverantwortlichen Entscheidung noch in der Lage ist.[89] Die aktive Sterbehilfe als zielgerichtete Lebensvernichtung unterfällt demgegenüber der Schutzbefugnis des Staates und kann daher unterbunden werden, weshalb die strafgesetzliche Regelung in § 216 StGB auch lediglich den verfassungsrechtlichen Befund widerspiegelt.[90] Ein entsprechendes grundgesetzliches Gebot ist allerdings nicht erkennbar, d. h. aktive Sterbehilfe in staatlichen Kliniken wäre danach aufgrund eines Gesetzes grundsätzlich möglich, wenn ein unheilbar Kranker sie bei vollem Bewusstsein verlangt.[91] Schließlich ist noch das Grundrecht auf Schutz von Ehe und Familie nach Art. 6 Abs. 1 GG insbesondere hinsichtlich der Ermittlung des mutmaßlichen Patientenwillens bei einem nicht mehr einwilligungsfähigen Patienten betroffen.[92] Geht es nun darum, für einen nicht mehr einwilligungsfähigen Patienten einen familienfremden Betreuer zu bestellen oder darum, ärztliche Entscheidungen, z. B. zum Behandlungsabbruch bei einem todkranken, nicht mehr einwilligungsfähigen Patienten zu treffen, kann es sich um Maßnahmen handeln, die den Ehe- oder Lebenspartner oder die Familie betreffen. Zwar kann etwa der Ehepartner nicht einfach über das Leben des nicht mehr einwilligungsfähigen Ehegatten bestimmen,

---

[87] *Murswiek* (Fn. 77), Art. 2 Rdnr. 109; *Jarass* (Fn. 69), Art. 2 Rdnr. 81; a.A. etwa *Dürig* (Fn. 82).

[88] Vgl. auch *Jarass* (Fn. 69), u.a. m. Hinw. auf BVerfGE 58, 208, 226; BVerfG, NJW 1998, 1775.

[89] *Jarass* (Fn. 69); *Czerner*, MedR 2001, 358.

[90] Vgl. auch *Hufen*, NJW 2001, 855 m.w.N., u.a. auch m. Hinw. auf BGHSt 32, 367, 371.

[91] *Jarass* (Fn. 69), Art. 2 Rdnr. 76.

[92] Vgl. nur *Hufen*, NJW 2001, 852.

es kommt ihm aber im Regelfall eine Priorität bei der Bestellung eines Betreuers und ein Interpretationsvorrang bei der Ermittlung des mutmaßlichen Willens des schwerstkranken Patienten zu.[93] Lediglich, wenn konkrete Anhaltspunkte für einen Missbrauch vorliegen, ist ein fremder Betreuer zu bestellen und diesem die Entscheidung über Art und Dauer der medizinischen Behandlung einzuräumen. Soweit das Elternrecht in Art. 6 Abs. 2 GG durch den Wunsch nach Sterbehilfe durch einen Minderjährigen oder zwecks Interpretation dessen mutmaßlichen Willens im Falle nicht mehr vorliegender Einwilligungsfähigkeit betroffen ist, geht es um die Ausübung des Elternrechts zum Wohl des Kindes und im Interesse des Kindes, das auf Schutz und Hilfe gerade in derartigen Grenzsituationen angewiesen ist.[94]

c) Grundgesetzliche Schranken des Selbstbestimmungsrechts

Die Fortbehandlung eines todkranken Patienten durch den Arzt, ja jeder ärztlicher Eingriff ist allein durch den erklärten oder mutmaßlichen Patientenwillen als Ausdruck des grundgesetzlich geschützten Selbstbestimmungsrechts des Patienten legitimiert. Allein ärztliche Eingriffe in die grundgesetzlich geschützte Menschenwürde sind verfassungsrechtlich nicht legitim, da es sich hier um einen uneinschränkbaren Verfassungssatz von „umfassender Allgemeinheit“ handelt, der jeglichem grundrechtlichen Abwägungsprozess entzogen ist.[95] Das in Art. 2 GG garantierte Selbstbestimmungsrecht des Patienten ist allerdings nicht schrankenlos. Beschränkt wird es im Hinblick auf den Schutzbereich des Art. 2 Abs. 1 GG insbesondere durch die verfassungsmäßige Rechtsordnung als Schutz des Gemeinwohls sowie die Rechte Dritter, wobei dem Verhältnismäßigkeitsgrundsatz eine zentrale Bedeutung zukommt.[96] Eingriffe in das Selbstbestimmungsrecht als Ausdruck des grundgesetzlich geschützten allgemeinen Persönlichkeitsrechts brauchen nur hingenommen zu werden, wenn sie verhältnismäßig, d. h. insbesondere zum Schutz öffentlicher Interessen unerlässlich sind, wobei ein strenger Maßstab anzulegen ist.[97] Zu den Beschränkungskriterien gehört auch die Schutzpflicht des Staates für das Leben und die Achtung des Lebens als Wert der Gemeinschaft.[98] Danach ist

---

93 *Hufen*, NJW 2001, 853.

94 Vgl. BVerfGE 79, 51, 63; auch *Pieroth*, in: *Jarass/Pieroth* (Fn. 69), Art. 6 Rdnr. 31.

95 Vgl. z. B. *Höfling* (Fn. 70), Art. 1 Rdnr. 10; *Jarass* (Fn. 69), Art. 1 Rdnr. 2.

96 Vgl. *Murswiek* (Fn. 77), Art. 2 Rdnrn. 89 ff., 101; auch *Bleckmann*, Staatsrecht II, 4. Aufl. 1997, § 22 Rdnrn. 41 ff.

97 Vgl. auch BVerfGE 33, 367, 377; 65, 1, 44; 78, 77, 85; 84, 239, 280.

98 Vgl. etwa *Hufen*, NJW 2001, 855 m.w.N.

das strafgesetzliche Verbot aktiver Sterbehilfe verfassungsrechtlich gerechtfertigt, wodurch der Gesetzgeber auch dem sog. Dammbruch-Argument als Ausdruck der Befürchtung, eine weitere Einschränkung des Tötungsverbotes könnte den Lebensschutz nachteilig beschädigen, präventiv Rechnung tragen konnte.[99] Zugleich steht dem Gesetzgeber aber beim Schutz des Lebens ein weiter Beurteilungsspielraum zu[100], weshalb er verfassungsrechtlich nicht gehindert wäre, unter engen Voraussetzungen die Strafbarkeit bei der aktiven Sterbehilfe in § 216 StGB durch Einfügung eines speziellen Strafausschließungsgrundes in den Fällen aufzuheben, in denen z. B. ein Todkranker sie bei vollem Bewusstsein und ohne äußeren Druck verlangt.[101] In diesem Fall verdichtet sich in der Sterbephase das Selbstbestimmungsrecht zu einem Recht auf selbst bestimmtes Sterben[102], das nicht durch „allgemein zu beachtende Werte" unterlaufen werden darf.[103] Der Verhältnismäßigkeitsgrundsatz berechtigt den Gesetzgeber zugleich, nur unter engen Voraussetzungen und unter Einfügung transparenter größtmöglicher Kontrollmechanismen die Zulassung der aktiven Sterbehilfe gesetzlich zu regeln; verpflichtet ist er dazu verfassungsrechtlich allerdings nicht.[104] Damit schließen sich Lebensschutz und Sterbefreiheit auch nicht grundsätzlich aus.[105] Soweit das Grundrecht auf Ehe und Familie in Art. 6 Abs. 1 GG durch den Vorrang naher Angehöriger bei der Bestellung zum Betreuer und bei der Interpretation des mutmaßlichen Patientenwillens betroffen ist, kommt hier ebenfalls keine schrankenlose Gewährleistung in Betracht. Beide Prämissen stehen unter dem Vorbehalt des Patientenwillens sowie unter der Aufsicht des staatlichen Vormundschaftsgerichts, wenn ein begründeter Missbrauchsverdacht gegeben ist; auch dem Arzt steht eine berechtigte Kontrollfunktion zu.[106] Soweit das elterliche Erziehungsrecht aus Art. 6 Abs. 2 S. 1 GG bei einem sterbewilligen Minderjährigen betroffen ist, steht dies dessen Selbstbestimmungs-

---

99 *Hufen*, ebd.; zu dem „Dammbruch"-Argument oder „Dammbruch-Effekt", wonach die Zulassung der aktiven und direkten Sterbehilfe nur der erste Schritt auf dem Weg zur vorsätzlichen Tötung weiterer Gruppen von Menschen sei, vgl. statt aller *Scholten*, BtPrax 6/2001, 235; kritisch zum „Dammbruch"-Argument z. B. *Saliger*, KritV 2001, 385.

100 Vgl. BVerfGE 46, 160, 164; 77, 170, 219.

101 So z. B. *Hufen*, NJW 2001, 855 m.w.N.; auch *Jarass* (Fn. 69), Art. 2 Rdnr. 76 m.w.N.

102 Vgl. hierzu *Laufs*, NJW 1986, 763.

103 *Hufen*, NJW 2001, 855.

104 *Knopp*, MedR 2003, 386.

105 *Czerner*, MedR 2001, 358 m. Hinw. auf *Wassermann*, DRiZ 1986, 293.

106 Vgl. z. B. *Hufen*, NJW 2001, 856.

recht im Hinblick auf das Verlangen nach aktiver Sterbehilfe zwingend entgegen.[107]

V. Zusammenfassende Betrachtung

Europäische Entwicklungen zur Legalisierung der aktiven Sterbehilfe sind nicht ohne weiteres auf deutsche Verhältnisse übertragbar. Neben straf- und zivilrechtlichen Aspekten kommt deutschem Verfassungsrecht für die Überlegungen, ob aktive Sterbehilfe auch in Deutschland gestattet bzw. legalisiert werden kann, eine zentrale Bedeutung zu. Straf- und Zivilrecht haben sich zunächst grundsätzlich am Verfassungsrecht zu orientieren und nicht umgekehrt, ansonsten innerhalb der Normenpyramide das einfache Recht unzulässigerweise zur Dominierung von höherrangigem Recht berufen wäre.[108] Bei den erörterten Fragen zur Sterbehilfe, insbesondere zur aktiven Sterbehilfe, spielen das grundgesetzlich geschützte Selbstbestimmungsrecht des Patienten, die Menschenwürde und der Lebensschutz eine große Rolle. Der Lebensschutz ist von grundsätzlicher Bedeutung, hat aber keinen absoluten Vorrang gegenüber der Menschenwürde und der Selbstbestimmung des todkranken Menschen. Die Medizin hat hier den verfassungsrechtlichen Auftrag, beide zu beachten und ihnen Folge zu leisten. Demgegenüber müssen bei der aktiven Sterbehilfe aber auch Argumente hinsichtlich ethischer Dammbrüche und Missbrauchsbefürchtungen sowie historisch belastete „Euthanasie"-Argumente ernst genommen werden. Die Entscheidung im Einzelfall darf dabei dennoch nicht verfälscht werden, d. h. Selbstbestimmungsrecht und Lebensschutz sind einer einzelfallorientierten Konfliktlösung zuzuführen.[109] Der Gesetzgeber ist in diesem Zusammenhang verfassungsrechtlich nicht gehindert, die bisherige Strafbarkeit der aktiven Sterbehilfe nach § 216 StGB zu lockern, wobei eine allgemein für zulässig erklärte Lebensbeendigung auf Verlangen eines Leidenden nicht in Betracht kommt.[110] Eine gesetzliche Regelung zur aktiven Sterbehilfe müsste jedenfalls schon vom Verfahren her eine Vielzahl von Kontrollmechanismen enthalten, die über die niederländischen und belgischen Regelungen weit hinausgehen. *Verfassungsrechtlich geboten* ist eine derartige Regelung jedenfalls nicht.

---

107 So zutreffend *Czerner*, MedR 2001, 360.

108 Vgl. nur *Czerner*, MedR 2001, 385.

109 Ähnlich *Hufen*, NJW 2001, 855.

110 Worauf z. B. auch *Scholten*, BtPrax 6/2001, 234 abstellt.

3. Diskussion

Dr. Günter Haring (Chefarzt am Carl-Thiem-Klinkum Cottbus): Ich bin Intensivtherapeut, Anästhesist am Carl-Thiem-Klinikum, und in dem Grenzbereich tätig, den Sie angesprochen haben. Für mich ist ganz wichtig, dass die Patientenverfügung eine größere Bedeutung erlangt. Sie haben die Grundsatzurteile genannt. Darunter war auch das diesjährige Urteil aus dem März, was bei uns sehr diskutiert worden ist, nämlich dass es ein Muss gibt, die Patientenverfügung umzusetzen. Das ist natürlich für uns sehr wichtig, weil die Behandlung in der Intensivtherapie, oder überhaupt, ob ich Intensivtherapie an mir selbst zulasse, solche Bestimmungen gibt es ja auch, davon abhängen. Nun ist aufgrund dieser diskutierten Gerichtsentscheidung im Bundestag eine Kommission gebildet worden ist, die diese Entscheidung auswerten soll, weil sie auf die Medizin natürlich einen großen Einfluss hat. Wir sind dankbar dafür, wenn die Patientenverfügung den individuellen Willen des Patienten wiedergibt. Wenn kein Betreuer vorhanden ist, bin ich als Arzt eigentlich verpflichtet, diesen Patientenwillen umzusetzen, wenn mir die Angehörigen eine Patientenverfügung mitbringen. Wie sehen Sie das? Wird der Patientenwille in dieser Exaktheit umzusetzen sein?

Prof. Lothar Knopp (BTU): Sie haben die wesentlichsten Punkte noch einmal verdeutlicht. Die Patientenverfügung soll natürlich insbesondere auch eine gewisse Rechtssicherheit für die Ärzte selbst bzw. für die Intensivtherapie sein. Um es vorweg zu sagen, der Beschluss des Bundesgerichtshofs, es war kein Urteil, ist rechtskräftig, der Bundesgerichtshof war letztentscheidende Instanz. Die Kommission, die auf politischer Ebene eingesetzt worden ist und die den Beschluss bewerten soll, soll aus dieser Entscheidung, aber auch aus anderen, entsprechende Rückschlüsse ziehen und Vorschläge für allgemeinverbindliche Patientenverfügungen unterbreiten. Dass Patientenverfügungen zulässig sein sollten ist ganz klar und aus meiner Sicht auch überhaupt nicht mehr diskutabel. Die Ärzte müssen, und da haben Sie völlig Recht, wenn kein Betreuer vorhanden ist, häufig in kürzester Zeit entscheiden, was mit dem Patienten zu tun ist. Und da muss der Arzt, wenn eine Patientenverfügung vorliegt, das Recht haben, so zu entscheiden, wie es auch ein Betreuer machen würde.

Richard Radloff (Richter am Amtsgericht Fürstenwalde): Ich kann jetzt nicht genau die Entscheidung mit der Hausnummer sagen, aber es gibt eine Entscheidung eines Vormundschaftsgerichtes, bei der eine Betreuerbestellung abgelehnt wurde, weil der Patient ausreichend Vorsorge getroffen hatte, also ein ganz eindeutiger Wille vorlag.

Fred Zipperling (Richter am Amtgericht Königswusterhausen): Die benannte Bundesgerichtshof-Entscheidung war längst überfällig. Es wird aber nicht reichen, eine Kommission einzusetzen, die sich mehr oder weniger über das Muster einer Patientenverfügung Gedanken macht. Nach meinem Dafürhalten müssen eindeutige gesetzliche Regelungen gefunden werden, in denen es klipp und klar heißt, eine Patientenverfügung – egal in welcher Form, Testamente kann ich auch in verschiedener Form errichten – ist zwingend zu beachten. Das gegenwärtige Problem, auch für die Ärzte, besteht darin, dass der Patient, der in ein Krankenhaus eingeliefert wird, mit Sicherheit keinen Zettel auf der Brust kleben hat, auf dem steht: „Ich hab´ eine Patientenverfügung, ich will das alles nicht." Tatsächlich ist es aber so, dass ich als Angehöriger oft weiß, meine Mutter, mein Großvater würde dieses und jenes nicht wollen. Aber in dem Moment, wo ich sie/ihn in gefährlichem Zustand zu Hause auffinde, ist natürliche meine erste Reaktion, dass ich den Arzt rufe. Damit setze ich natürlich eine Maschinerie in Gang. Wir hatten es vorhin schon gehört, der Arzt muss etwas tun, er kann nicht einfach kommen und sagen: „Na, wie geht´s Ihnen denn, nicht gut?" In dieser Situation wird der Enkel oder wer auch immer auch nicht die Patientenverfügung aus der Tasche ziehen und sagen: „Schön, dass Sie gekommen sind, Herr Doktor. Im Übrigen bitte tun Sie nichts". Es muss eine grundsätzliche Regelung her. Eine solche ist für die Ärzte genau so überfällig wie letztendlich für die Vormundschaftsrichter, die sich mit der Frage: „Sollen wir in irgendwelche medizinischen Maßnahmen einwilligen bzw. die Einwilligung des Betreuers genehmigen?" beschäftigen müssen.

Prof. Lothar Knopp (BTU): Das Problem, das Sie angesprochen haben, liegt eine Verfügung vor oder nicht, kennen wir auch aus dem Erbrecht. Ich glaube, es ist eher eine Frage des Nachweises. Aber ich stimme Ihnen durchaus zu, dass hier ergänzend noch eine klare gesetzliche Regelung geschaffen werden sollte, die auch deutlich macht, was im Fall „X" von den Ärzten, auch ohne Betreuer, zu tun ist. Ich glaube aber nicht, dass sich diesbezüglich in der nächsten Zeit in Deutschland etwas tun wird.

Dr. Josef Horntrich (Obermedizinalrat, Ärztlicher Direktor des Carl-Thiem-Klinikums Cottbus a.D.): Sie haben ausgeführt, dass der Europäische Gerichtshof für Menschenrechte sich gegen die aktive Sterbehilfe im Fall *Pretty* ausgesprochen hat. Dem widersprechen aber jetzt die nationalen Gesetzgebungen. Welchen Einfluss hat der Europäische Gerichtshof für Menschenrechte auf die nationalen Gesetzgebungen?

Prof. Lothar Knopp (BTU): Die nationalen Gesetzgebungen, die ich im Überblick dargestellt habe, entsprechen durchaus eigentlich dem, was der Europäische Gerichtshof für Menschenrechte bisher gesagt hat, nämlich dass aktive Sterbehilfe nach der Europäischen Menschenrechtskonvention verboten ist. In Deutschland ist aktive Sterbehilfe nach § 216 StGB verboten. Insoweit sehe ich keinen Widerspruch. Die Niederlande und Belgien sind die großen Ausnahmen, wenn ich das mal so sagen darf. In Dänemark, Portugal, Großbritannien, Spanien usw. ist die aktive Sterbehilfe untersagt.

Dr. Josef Horntrich (Obermedizinalrat, Ärztlicher Direktor des Carl-Thiem-Klinikums Cottbus a.D.): Sie haben auch gesagt, der Suizid sei straffrei und es gebe auch ein Recht auf Selbstbestimmung. Dem steht aber die Behandlungspflicht des Arztes gegenüber, der einen Patienten vorfindet.

Prof. Lothar Knopp (BTU): Das ist völlig richtig. Hier sind wir wieder beim alten Problem, nämlich dem Abwägungsproblem zwischen der Schutzpflicht des Staates einerseits, entsprechende Vorschriften zu erlassen, Vorschriften, die den Patienten schützen sollen. Auf der anderen Seite steht natürlich, wie Sie sagen, das Selbstbestimmungsrecht des Patienten. Das Selbstbestimmungsrecht des Patienten kann im Einzelfall auch dazu führen, dass der Patient sich selbst umbringt und sagt: „Der Arzt kann mich behandeln, es interessiert mich nicht". Kaum ist der Arzt raus, zieht er sich den Schlauch aus der Vene heraus, und die Selbsttötung ist straflos. Damit geht das Selbstbestimmungsrecht des Patienten im Hinblick auf die Selbstbeschädigung eindeutig vor, denn sonst hätte es ja der deutsche Gesetzgeber unter Strafe stellen müssen. Nur, wen hätte man da bestrafen wollen, den, der tot ist?

Dipl.-Ing. Eleni Vasileiadou (BTU): In der Ewigkeit ist die Selbsttötung aber schon strafbar.

Prof. Lothar Knopp (BTU): Das weiß ich nicht, ich war noch nicht drüben.

Sterbehilfe aus rechtshistorischer und rechtspolitischer Sicht

Dirk Ehlert

Meine sehr geehrte Damen und Herren,

es kann unwiderlegbar vermutet werden, dass sich die Menschen seit jeher - wenngleich auch mit unterschiedlicher Intensität und Gewichtung - mit ihrem Tod, insbesondere mit den Begleitumständen ihres Lebensendes befassen.

Das Sterben und der Tod sind auch in Literatur, Kunst und Philosophie aus ihrer jeweils unterschiedlichen Sichtweise behandelt worden. Wenn ich heute zu Ihnen über die „Sterbehilfe aus rechtshistorischer und rechtspolitischer Sicht" spreche, ist mir bewusst, dass das Thema komplex ist. Es erstreckt sich nämlich von der bloßen Todessehnsucht über den Suizid bis hin zu dem formulierten Anspruch auf Hilfe zum Sterben durch andere. Dieses weite Feld abzudecken, sprengt den Rahmen eines Vortrags. Ich möchte mich deshalb heute hier ausschließlich auf die Sterbehilfe beschränken.

In einem Aufsatz hat der Vorsitzende Richter am BGH a.D. *Klaus Kutzer*[1] einen Überblick über die Euthanasie in der europäischen Geistesgeschichte gegeben. Seinen Ausführungen entnehmen wir, dass die Sterbehilfe ein Thema ist, das so alt ist wie die Menschheit. Bei bestimmten Naturvölkern, z. B. den Eskimos, war die Euthanasie insofern im Gebrauch, als unheilbar Kranke, lebensunfähige Kinder und auch alte Menschen ausgesetzt oder auf andere Weise getötet wurden[2]. Aber auch im aufgeklärten Griechenland des 4. Jahrhunderts vor Christus sagt Platon in seiner Politeia: „Wer siech ist am Körper, den sollen sie sterben lassen. Wer an der Seele missraten oder unheilbar ist, den sollen sie töten." Demgegenüber heißt es in dem etwa im 5. bis 4. vorchristlichen Jahrhundert verfassten und später in weiten Teilen der Erde als allgemeines ärztliches Ethos akzeptierten Eid des Hippokrates: „Nie werde ich, auch nicht auf Bitte hin, ein tödlich wirkendes Gift verabreichen, oder auch nur einen Rat dazu erteilen." Hierzu bemerke ich, dass Hippokrates dies nicht in seinen Eid aufgenommen haben wird, wenn nicht das Problem schon bestanden hätte.

---

1 ZRP 2003, Heft 6, S. 209 ff.

2 *Ratschow*, Wenn Sterbehilfe töten darf, 1992, S. 6.

Der 1535 enthauptete, später heilig gesprochene englische Staatsmann Thomas Morus postuliert in seiner Utopia[3]: „Bei schwerer schmerzhafter Krankheit sollen Priester und Ärzte zum Selbstmord raten und helfen." Im 17. Jahrhundert empfiehlt Francis Bacon, der erste Philosoph der Neuzeit, Euthanasie mit dem Ziel, dass der Kranke leichter und schmerzlos aus dem Leben kann.

Zu Beginn des 20. Jahrhunderts gewann der von England ausgehende Sozialdarwinismus auch bei uns in Deutschland zunehmend an Bedeutung. Einflussreich war das 1920 in Leipzig erschienene Buch des angesehenen Juristen *Binding* und des Psychiaters *Hoche* mit dem Titel „Freigabe der Vernichtung lebensunwerten Lebens. Ihr Maß und ihre Form." Ich komme hierauf noch zu sprechen.

Obwohl in der Gegenwart der Tod weitgehend immer noch ein Tabuthema ist, machen sich die meisten Menschen dennoch individuell ganz konkret Gedanken, wie sie sterben möchten. Das Thema aktive und passive Sterbehilfe wird daher in der Öffentlichkeit mit großen Interesse verfolgt und entsprechend kommentiert. Nicht verwunderlich ist daher auch, dass die Problematik der Sterbehilfe inzwischen auch in den Chat-Rooms des Internets - dem medialen Stammtisch-Ersatz - Einzug gehalten hat.

Ein Streifzug durch diese Chat-Rooms lässt erkennen, dass wir es, wenn außerhalb fachlicher Gremien oder ernsthaft geführter Diskussionsrunden über das Sterben geredet wird, oft mit einem anderen Verständnis von Ableben und Tod zu tun haben, als noch vor wenigen Jahrzehnten. Man wird an den Rechtsmediziner *Hans-Bernhard Wuermeling* erinnert, der von einer "lebensverneinenden Kultur des Todes" gesprochen und dazu ausgeführt hat, dass es modernem Denken unerträglich zu sein scheint, dass der Mensch seinem Tod unausweichlich entgegenlebt, ohne dessen Tag und Stunde zu kennen[4] .

Diese verstärkt Ich-bezogene Haltung zum Sterben und zur Sterbekultur ist ganz zweifellos eine moderne Erscheinung. Dem ausgehenden 19. Jahrhundert blieb es dagegen vorbehalten, die Sterbehilfe als "Massenproblem", als gesellschaftliche Aufgabe "entdeckt" zu haben.

In der Literatur - beispielhaft sei hierzu die Abhandlung von *Klaus Dörner* mit dem Titel: "Tödliches Mitleid", Gütersloh 1988, genannt - wird der Beginn einer breiteren öffentlichen Diskussion über die Sterbehilfe mit dem sich vollziehenden Industrialisierungsprozess zu Ende des 19. und Beginn des 20. Jahrhunderts in Verbindung gebracht. Tatsächlich häufen sich in dieser Zeit die hauptsächlich von Medizinern und Psychiatern entwickelten Konzepte, wie die Nützlichkeits- und Effektivitätskriterien der

---

3 Ratschow, Wenn Sterbehilfe töten darf, 1992, S. 7.

4 Quelle: www.aerztezeitung.de/docs/1998/11/24.

Ökonomie einer sich schnell entwickelnden Industriegesellschaft auch im menschlichen Bereich nutzbar gemacht werden sollten. Die für die deutsche Geschichte verhängnisvollen Begriffe vom "unwerten Leben", von den "Ballastexistenzen" oder den "leeren Menschenhülsen" werden in die Diskussion eingeführt.

Vertreter dieser "Nützlichkeitsmedizin" waren in unterschiedlicher Ausprägung der deutsche Arzt *Hermann Simon*, der Schweizer Naturforscher, Arzt und Eugeniker *August Forel*[5] sowie – ich habe sie bereits erwähnt - der Jurist *Alfred Binding* und der Mediziner *Karl Hoche*. Mit ihrem Werk "Die Freigabe der Vernichtung lebensunwerten Lebens. Ihr Maß und ihre Form"[6] haben sie an vorderster Stelle die geistigen Grundlagen für die Euthanasie-Politik der Nationalsozialisten geschaffen. Im selben Jahr (1920) hatte auch der Schriftsteller *Ernst Mann* die Eliminierung irreparabler Kranker und Behinderter zur Vermeidung untragbarer Mehrkosten gefordert.

Mit welcher lebensverachtenden Einstellung die Genannten argumentiert haben, sollen zwei Zitate belegen. So schrieb *Hermann Simon*[7] in einem im Oktober 1929 gehaltenen Vortrag mit dem Titel "Minderwertigkeit und Fürsorge":

> *"Eingriffe unseres Staates in die Gesetze der Schöpfung: er will alles erhalten, kann aber die Bedingungen gar nicht schaffen, um alles zu erhalten; daher alles hoffnungsloses Elend. Es wird wieder gestorben werden müssen. Es fragt sich nur, welche Millionen sterben müssen. Der Tod ist und bleibt auch eine Erlösung. ... die starke Rücksichtnahme auf die Kranken und Schwachen (ist) eine Grausamkeit gegen die Gesunden und Tüchtigen ..."*

Und *August Forel* betonte insbesondere die Vorreiterrolle der Medizin bei dieser angemaßten Aufgabe, indem er in klarer Offenheit über folgendes Klage führte[8]:

> *"Durch Recht und Religion beherrscht und die soziale Hygiene vernachlässigend, verlangt die Medizin von den Ärzten, dass sie selbst das elendste Geschöpf so lange am Leben erhalten, als nur möglich."*

---

[5] 1848 - 1931 mit seinem Werk: Malthusianismus oder Eugenik? München: Verlag E. Reinhardt, 1910.

[6] Leipzig 1920.

[7] Zit. nach *K. Dörner*, Tödliches Mitleid, Gütersloh, 1989.

[8] Zit. nach *K. Dörner*, a.a.O., S. 31.

Standen nach Ansicht *Forels* die Kirche und die Justiz den als fortschrittlich bezeichneten Anschauungen der Medizin zur Sterbehilfe zunächst noch im Wege, änderte sich dies mit der Übernahme der politischen Macht durch die Nationalsozialisten umgehend. "Denn im Nationalsozialismus wurde Herrschaft in hohem Maße medizinisch artikuliert, und eine herrschaftsanaloge Medizin leistete ihren Beitrag, gewachsene Wertorientierungen im Umgang mit kranken Menschen außer Kraft zu setzen..."[9].

Endlich konnte nun im Sinne *Hermann Simons* gestorben werden. "Rechtsgrundlage" war eine schriftliche Anweisung Hitlers vom Oktober 1939 "die Befugnisse namentlich zu bestimmender Ärzte so zu erweitern, dass nach menschlichem Ermessen unheilbar Kranken bei kritischer Beurteilung ihres Krankheitszustandes der Gnadentod gewährt werden" konnte. Gleichzeitig wurden die Arbeiten an einem Gesetz über die Sterbehilfe bei unheilbar Kranken, das aus gegebenem Anlass auf den 1. September 1939 – den Beginn des Zweiten Weltkrieges – vordatiert werden sollte, beschleunigt fortgesetzt.

Auch wenn die Schlussfassung des Gesetzentwurfs von Hitler im Herbst 1940 abgelehnt wurde, enthielt dieser Entwurf ein „kleines, aber feines juristisches Programm zum Töten".

Nach der Präambel des Gesetzentwurfs war die Erhaltung des Lebens von Menschen, die wegen einer unheilbaren Krankheit ein Ende ihrer Qual herbeisehnten oder infolge unheilbaren chronischen Leidens zum schaffenden Leben unfähig waren, mit den sittlichen Normen der Volksgemeinschaft nicht zu vereinbaren. Der Gesetzentwurf sah in seinem Paragraphen 1 vor, dass jemand, der an einer unheilbaren, sich oder andere stark belästigenden oder sicher zum Tode führenden Krankheit leidet, auf sein ausdrückliches Verlangen mit Genehmigung eines besonders ermächtigten Arztes Sterbehilfe durch den Arzt erhalten kann. Von dieser Normierung der aktiven Sterbehilfe war es dann auch nur noch ein kleiner Schritt bis zur gewollten rechtlichen Absicherung der nationalsozialistischen Euthanasie an geistig behinderten Menschen.

§ 2 des Gesetzentwurfs bestimmte denn auch "folgerichtig", dass das Leben eines Kranken, der infolge unheilbarer Geisteskrankheit sonst lebenslänglicher Verwahrung bedürfen würde, durch ärztliche Maßnahme, unmerklich für ihn, beendet werden kann.

Wäre das Gesetz in Kraft getreten, wäre nicht nur in unvorstellbarer Weise ein Negativgipfel rechtlich abgesicherter Sterbehilfe erreicht, sondern zusätzlich noch der Gedanke der Sterbehilfe in ein praktizierbares Instrument zum therapeutischen, industrialisierten Töten bestimmter Perso-

---

9 Beitrag *Dirk Blasius*, in: Medizin im Nationalsozialismus. München, 1988. Kolloquien des Instituts für Zeitgeschichte.

nengruppen umgewandelt worden. Aber auch so sind schließlich Zehntausende Menschen der Euthanasie bis 1945 zum Opfer gefallen.

Vor dem Hintergrund dieser leidvollen und schrecklichen Erfahrungen in der Zeit des Dritten Reiches gehört es zu den unbestrittenen historischen Leistungen der Bundesrepublik Deutschland, das Recht zur Selbstbestimmung über den eigenen Körper im Kernbereich der durch das Grundgesetz geschützten Würde und Freiheit des Menschen fest verankert zu haben.

Das hat verhindert, dass solche Ideologen einer staatlich zugelassenen Ausmerzung alles Schwachen wie Hermann Simon, der seinen Gedanken des wieder sterben Müssens 1946 lediglich für nicht mehr taktisch-opportun hielt, nach dem Krieg so weiter machen konnten. Eine wahrnehmbare, breite öffentliche Diskussion zur Sterbehilfe hat es in der Bundesrepublik dann über einen langen Zeitraum auch nicht gegeben.

Erst mit dem raschen Fortschritt der Gerätemedizin, dem Eindruck eines wachsenden Ausgeliefertseins an diese medizinische Maschinerie und nicht zuletzt die Gesetzgebung zur Sterbehilfe in den Niederlanden und in Belgien, hat die Diskussion zu diesem Thema in Deutschland mit ziemlicher Wucht neu entfacht.

Und es ist eine sehr deutsche Diskussion, bei der auf die deutsche Vergangenheit von den Beteiligten in sehr unterschiedlicher Weise jeweils Bezug genommen wird. So schreibt der Bischof von Limburg, *Dr. Franz Kamphaus*, in einem in der FAZ am 30. September 2003 veröffentlichen Aufsatz über die Kunst des Sterbens, dass es hinsichtlich der Akzeptanz der aktiven Sterbehilfe in der Bevölkerung eine Kontinuität gebe, die über die Zeit des Dritten Reiches bis hinein in die Gegenwart reiche. Er bezieht sich hierbei auf eine Allensbach-Umfrage von 2001, bei der 64 Prozent der westdeutschen und 80 Prozent der ostdeutschen Bevölkerung die legale Möglichkeit aktiver Sterbehilfe für wünschenswert hielten. Auch zu von den Nationalsozialisten vorgesehenen Regelungen zur aktiven Sterbehilfe sei damals - vor 1945 - eine solche allgemeine Zustimmung prognostiziert worden.

Ich halte einen solchen Vergleich für falsch. Er ist bei der Diskussion der schwierigen rechtlichen Fragen zur Sterbehilfe auch nicht förderlich. Vielmehr sollten derartige Umfragen zur Sterbehilfe in der Bundesrepublik kritisch hinterfragt werden.

Im 5. Berliner Theologischen Gespräch am 23. Januar 2001 hat der Erste Vorsitzende des Marburger Bundes, *Dr. Montgomery*, meines Erachtens zu Recht darauf hingewiesen, dass den befragten Deutschen möglicherweise oft gar nicht bewusst ist, welcher konkreten Form der Sterbehilfe sie in einer solchen Umfrage zustimmen. Eine 1998 veröffentlichte Untersuchung unter Ärzten habe zum Beispiel ergeben, dass 40 Prozent der Ärzte damals nicht in der Lage waren, sauber zwischen aktiver und passiver

Sterbehilfe, zwischen Hilfe zum Sterben und der Hilfe beim Sterben zu unterscheiden.

Auch der Versuch von *Dörner*[10], die heutige Diskussion um die Sterbehilfe als Ausdruck einer neuen alten Unerträglichkeit menschlichen Lebens zu definieren, ist abwegig. Das nachfolgende Zitat aus *Dörners* Schrift "Tödliches Mitleid"[11] führe ich nur an, um zu zeigen, in welche dunkle Ecke man sich hierbei manövrieren kann:

> *"Ist es dann noch verwunderlich, wenn heute zur Weichenstellung, zur Vorbereitung auf die Lösung dieser kommenden Probleme, ähnlich wie 1890 und wie in der NS-Zeit, wieder die Ethik des Rechts auf den eigenen Tod federführend wird? Müssen wir dann nicht schon zur Selbsterhaltung, zum Überleben von uns Tüchtigen, wieder den Pannwitz-Blick in uns aktivieren und schärfer unterscheiden, von welchen der gedachten konzentrischen Kreise des Gesellschaftstellers an menschliches Leben lebensunwert wird? Und wenn ja, dann brauchen wir hierfür neue Kriterien, die besser an unsere heutigen gesellschaftlichen Erwartungen angepasst sind, daher auch eher von uns Tätern wie auch von den Opfern geglaubt werden können."*[12]

Aber auch wenn wir nicht so tun können, als hätte es unsere verhängnisvolle Geschichte – angesichts der zigtausendfachen Ermordung von Behinderten und psychisch Kranken unter dem Deckmantel des Gnadentodes während der NS-Zeit – nicht gegeben, schließt das nicht aus, dass vor dem Hintergrund des verfassungsrechtlich geschützten Selbstbestimmungsrechts, das auch und gerade bei einem sterbenden Patienten unter allen Umständen zu respektieren ist, eine verantwortungsbewusste und ernsthafte Diskussion darüber geführt werden kann, ob es möglicherweise nachvollziehbare Gründe für eine Sterbehilfe gibt.

---

10 "Tödliches Mitleid", Gütersloh 1988, S. 76-79.

11 Zit. aus einer Unterrichtsreihe des Evangelischen-Stift-Gymnasiums Gütersloh.

12 Zur Erläuterung: Der von *Dörner* verwandte Begriff "Pannwitz-Blick" geht auf die Schilderung eines KZ-Arztes durch den italienischen Schriftsteller *Primo Levi* zurück, der selbst KZ-Insasse war und bei der Begegnung mit diesem Dr. Pannwitz verspürte, dass dieser ihn als eine Spezies ansah, die auszurotten selbstverständlich zweckmäßig ist, es in diesem besonderen Fall aber festzustellen galt, ob nicht ein verwertbarer Faktor in ihm vorhanden sei.

Diese Diskussion um die aktive und passive Sterbehilfe, um die Hilfe zum Sterben und die Hilfe beim Sterben ist seit Mitte der 80er Jahre des vorigen Jahrhunderts nunmehr in vollem Gange. Die Debatte, die zunehmend die zivilrechtlichen Aspekte der Sterbehilfe-Problematik in den Vordergrund stellt, bewegt sich dabei zwischen zwei extremen Polen:

Zum einen der Warnung, den sensiblen Bereich der Sterbehilfe durch Gesetz reglementieren und so eine Rechtssicherheit vorspiegeln zu wollen, die es nicht gebe; und zum anderen der Forderung nach klaren juristischen Handlungsanweisungen.

Hinzu kommt die nicht unbeachtliche Auffassung, dass eine Debatte über aktive Sterbehilfe oder über Euthanasie nicht gebraucht werde, sondern stattdessen eine gesellschaftliche Debatte über Umfang und Grenzen medizinischer Behandlung. Erforderlich seien vielmehr Instrumente, die den Menschen die Angst vor dem Sterbevorgang an sich nehmen[13].

Innerhalb dieses Spannungsfeldes nimmt die Zahl der Fachaufsätze ebenso rasch zu wie die institutionelle Befassung. Mit dem Thema Sterbehilfe und seinen verschiedenen strafrechtlichen und zivilrechtlichen Streitpunkten haben sich u.a. in den letzten Jahren beschäftigt (in chronologischer Reihenfolge):

- der Rechtsausschuss des Deutschen Bundestages am 15.5.1985 in einer Anhörung von Sachverständigen;
- der 4. Rechtspolitische Kongress der CDU und CSU, dritte Kongressabteilung, am 24./25. Januar 1986 in Karlsruhe;
- der 56. Deutsche Juristentag, Strafrechtliche Abteilung, im September 1986 in Berlin;
- der 63. Deutsche Juristentag im September 2000 in Leipzig;
- eine Podiumsdiskussion zur Frage der Sterbehilfe in strafrechtlicher Hinsicht aus Anlass des 50-jährigen Bestehens des Bundesgerichtshofes im Jahre 2000;
- der 2. IPPNW-Kongress "Medizin und Gewissen" in Erlangen im Mai 2001;
- der 104. Ärztetag in Ludwigshafen im Mai 2001 mit seinem Aufruf an alle Ärztinnen und Ärzte in Deutschland, sich entschieden gegen jegliche Euthanasie-Bestrebungen einzusetzen;
- die 72. Konferenz der Justizministerinnen und -minister vom 11. bis 13 Juni 2001 in Trier;

---

[13] *Dr. Montgomery*, Erster Vorsitzende des Marburger Bundes, im 5. Berliner Theologischen Gespräch am 23.1.2001; zit. unter www.evangelischer-arbeitskreis.de.

- die 75. Konferenz der für das Gesundheitswesen zuständigen Ministerinnen und Minister, Senatorinnen und Senatoren der Länder am 20./21. Juni 2002 in Düsseldorf;
- die Einsetzung einer Arbeitsgruppe "Patientenautonomie am Lebensende" durch die Bundesjustizministerin am 8. September 2003 mit dem Auftrag, die Fragen der Verbindlichkeit und Reichweite von Patientenverfügungen zu klären.

Außer den Beschlüssen und Empfehlungen der genannten Gremien sind weitere Dokumente zum Thema Sterbehilfe erarbeitet und vorgelegt worden, so

- 1986 der Alternativentwurf eines Gesetzes über Sterbehilfe einer Gruppe von Strafrechtslehrern und Medizinern[14];
- im April 1997 ein (erster) Entwurf der Bundesärztekammer zu einer "Richtlinie zur ärztlichen Sterbebegleitung und den Grenzen zumutbarer Behandlung";
- am 11.09.1998 die "Grundsätze der Bundesärztekammer zur ärztlichen Sterbebegleitung" mit aktuellen Handlungsempfehlungen für die Ärzteschaft;
- im Oktober 2002 eine auf Initiative des Bundesministeriums der Justiz und des Bundesministeriums für Gesundheit und Soziale Sicherung eingesetzte Arbeitsgruppe erarbeitete Patientencharta mit dem Titel "Patientenrechte in Deutschland", die einen speziellen Abschnitt (II.4) zur Selbstbestimmung am Ende des Lebens enthält.

Nicht zuletzt hat sich auch Bundespräsident *Johannes Rau* in seiner Berliner Rede im Mai 2001 dem Thema Sterbehilfe gewidmet und in seinen Ausführungen die rechtspolitische Problematik in ihrem ganzen Ausmaß sichtbar gemacht, indem er sagte: "Wo das Weiterleben nur eine von zwei legalen Optionen ist, wird jeder rechenschaftspflichtig, der anderen die Last seines Weiterlebens aufbürdet"[15].

Allein diese bloße Aufzählung lässt erkennen, wie intensiv die Diskussion um die Sterbehilfe in Deutschland inzwischen geworden ist. Das Verdienst dieser vor allem auch rechtspolitisch geführten Diskussion besteht in dem zwar nicht einheitlichen, aber dennoch überaus deutlichen Bekenntnis, dass die aktive Sterbehilfe, d.h. die bewusste und gezielte Her-

---

14 Vgl. ZPR 1986, Heft 9, S. 236 ff.

15 Zit. nach "Wird alles gut? Für einen Fortschritt nach menschlichem Maß", www.bundespraesident.de/dokumente/Rede).

beiführung der lebensverkürzenden Wirkung, grundsätzlich abgelehnt wird und unter Strafe gestellt bleibt, auch wenn Patienten ein solches Handeln verlangen.

Umstritten bleibt, ob unsere Rechtsordnung bereits einen angemessenen, aber auch ausreichenden Rahmen für ein Recht auf humanes Sterben bereithält, oder ob es im Grenzbereich zwischen Lebensschutz, Sterbehilfe und Selbstbestimmungsrecht noch dringenden und unausweichlichen Regelungsbedarf gibt. Es ist aus meiner Sicht denjenigen zuzustimmen, die Humanität im Sterben ohne Zulassung der Euthanasie nur dann gesichert sehen, wenn die heute noch vorhandenen rechtlichen, gesellschaftlichen und ökonomischen Hindernisse abgebaut werden, die in bestimmten Fällen einem Sterben unter menschenwürdigen Bedingungen entgegenstehen[16].

Ein erster Versuch, der hierzu mit dem Alternativentwurf eines Gesetzes über Sterbehilfe 1986 unternommen wurde, war aus vielen Gründen nicht konsensfähig und konnte sich deswegen in der Diskussion um die Sterbehilfe nicht behaupten. Insbesondere stieß die geplante Ergänzung des § 216 StGB, die den Gerichten die Möglichkeit einräumen sollte, in besonders gelagerten Fällen der aktiven Sterbehilfe von einer Strafe abzusehen, auf Widerstand. Dem Regelungsvorschlag wurde aus rechtspolitischer Warte vor allem entgegengehalten, dass dies in der Öffentlichkeit als erster Schritt auf dem Wege zu einer Freigabe der aktiven Sterbehilfe verstanden werden könne und keine Gewähr bestehe, dass die Regelung - welche Formulierung der Gesetzgeber auch wählt - auf längere Sicht auf extreme Fallgestaltungen begrenzt bleibe[17].

Mit dem 63. Deutschen Juristentag im September 2000 in Leipzig wurde die veränderte Ausrichtung der Diskussion über die Sterbehilfe - weg von den strafrechtlichen hin zu den zivilrechtlichen Aspekten - deutlich sichtbar. Unter der Fragestellung "Empfehlen sich zivilrechtliche Regelungen zur Absicherung der Patientenautonomie am Ende des Lebens?" hat die Abteilung Zivilrecht des Juristentages eine Reihe von Vorschlägen entwickelt, wie die Patientenautonomie gestärkt werden kann. Aus rechtspolitischer Sicht ist hervorzuheben, dass die Abteilung Zivilrecht des Juristentages sich mit deutlicher Mehrheit dazu bekannt hat, dass die Patientenverfügung ein wichtiges Instrument der Selbstbestimmung für die Situation der Einwilligungsunfähigkeit ist und deshalb gesetzlich geregelt werden sollte. Außerdem wurde die Bestellung von Gesundheitsbevoll-

---

16 Vgl. *Klaus Kutzer*, Die Auseinandersetzung mit der aktiven Sterbehilfe, in: ZRP 2003, Heft 6, S. 212.

17 Vgl. Redaktioneller Bericht über einen Vortrag des Bundesjustizministers *Engelhard* auf der deutsch-französischen Tagung am 17.7.1987 in der Deutschen Richterakademie Trier, ZPR 1987, Heft 10, S. 376.

mächtigten für eine antizipierte Ausübung der Selbstbestimmung von Volljährigen vorgeschlagen. Im Rahmen der vorgesehenen Reform des Betreuungsrechts ist mit der beabsichtigten Einführung einer gesetzlichen Vertretungsmacht unter Ehegatten und Lebenspartnern sowie durch Angehörige für die Gesundheitsfürsorge dieser Vorschlag des Deutschen Juristentages in modifizierter Form aufgegriffen worden.

Einen rechtspolitischen Beitrag zur Diskussion um Sterbehilfe und Patientenverfügung wollte auch die 72. Konferenz der Justizministerinnen und -minister vom 11. bis 13. Juni 2001 in Trier leisten, indem zu einer breiteren gesellschaftlichen Erörterung der damit verbundenen Fragen und Probleme aufgerufen wurde. Die weitere Befassung von Bund und Ländern mit dem Thema der Sterbehilfe hat dann aktuell in diesem Jahr zur Einsetzung der Arbeitsgruppe "Patientenautonomie am Lebensende" geführt. Deren interdisziplinäre Zusammensetzung - ihr gehören unter Leitung des Vorsitzenden Richters am BGH a.D. *Klaus Kutzer* neben Mitgliedern der Justiz- und Gesundheitsministerkonferenz der Länder auch Interessenvertreter der Patienten, der Wohlfahrtspflege, der Hospizbewegung, der Ärzteschaft, ein Medizinethiker sowie Vertreter der beiden großen deutschen Kirchen an - soll sicher stellen, dass die ganze Breite des Spektrums der zu diskutierenden Standpunkte und Interessen repräsentiert ist. Wünschenswert ist, dass im Ergebnis der Tätigkeit dieser Arbeitsgruppe größere Klarheit darüber besteht, was getan werden muss, um Patienten, Ärzten und Betreuern bestmögliche Rechtssicherheit für die Situation am Lebensende geben zu können. Dies ist zumindest auch der Auftrag der Bundesjustizministerin.

Teil der rechtspolitischen Diskussion um die Sterbehilfe sind auch die im Deutschen Bundestag vertretenen demokratischen Parteien. Nimmt man deren Haltung zur aktiven Sterbehilfe insgesamt, besteht auch nicht andeutungsweise die Gefahr einer Übernahme der Gesetzgebung der Niederlande oder Belgien in diesem Bereich. Es gibt vielmehr einen Grundkonsens, die Rahmenbedingungen für ein Sterben in Würde zu verbessern.

Der frühere SPD-Generalsekretär und heutige Vorsitzende der SPD-Bundestagsfraktion *Müntefering* hat folgerichtig die menschliche Begleitung am Sterbebett als humaner als die kalte Debatte aus der Distanz über aktive Sterbehilfe bezeichnet.

Zwischen den Parteien gibt es aber durchaus Nuancen in dieser Frage. Während bei den Parteigremien von CDU und CSU die strikte Ablehnung der aktiven Sterbehilfe außer Frage steht, hat der FDP-Abgeordnete und frühere Bundesjustizminister *Edzard Schmidt-Jortzig* in der Zeitschrift "Das Parlament"[18] geäußert, dass es "im Einzelfall einem miterlebenden Menschen angesichts von Leid und Flehen des Lebensmüden ethisch ein-

[18] "Das Parlament" Nr. 17 aus 2002.

fach nichts anderes als eine aktive Tötungshilfe mehr tragbar erscheine. In derartigen Fällen ausweglosen Gewissenskonfliktes werde man ihm einen persönlichen Schuldvorwurf kaum mehr machen können. Ein tatsächliches Straffreibleiben der eigenverantwortlichen Person bleibe deshalb immer möglich." Aber er hat gleichzeitig hinzugefügt, dass es eine ganz andere Sache sei, diese Konstellation zu verallgemeinern und gesetzlich aktiv und generell zur Tötung zu ermächtigen. Hier gebe es Sperren für staatliche Regelbarkeit.

Eine solche Zurückhaltung haben sich dagegen die Jungen Liberalen nicht auferlegt, als deren Bundesvorsitzende im April 2001 die Verabschiedung der Euthanasiegesetze in den Niederlanden als richtig und mutig, aber auch als längst überfällig bezeichnete. Es würde Zeit, dass auch in Deutschland dieses Thema endlich enttabuisiert und auf die politische Tagesordnung gesetzt werde.

Mit dieser Auffassung stehen die Jungen Liberalen jedoch allein auf weiter Flur. Vergleichbare Statements sind von den im Bundestag vertretenen Parteien nicht zu erwarten, auch wenn die Position zu den Fragen der Sterbehilfe bei den einzelnen Abgeordneten möglicherweise ganz unterschiedlich ausfällt. Auch die Justizministerin des Landes Brandenburg hat jüngst in einer Presseerklärung vom 7. Oktober 2003 eine Legalisierung der aktiven Sterbehilfe abgelehnt.

Zu diesem breiten Meinungsspektrum unter den Abgeordneten gibt es durchaus Anhaltspunkte. So hat die Aktion Lebensrecht für Alle e.V., Regionalverband Trier, kurz vor der Bundestagswahl 2002 eine Befragung unter den Bundestagskandidaten der demokratischen Parteien durchgeführt, bei der sich eine der Fragen auch auf Legalisierung der aktiven Sterbehilfe bezog. Zwei Kandidaten der CDU und jeweils ein Kandidat von SPD und PDS waren für eine Zulassung der aktiven Sterbehilfe, allerdings unter strengeren Auflagen als in den Niederlanden und Belgien. Ein Kandidat der CDU war für die Zulassung der aktiven Sterbehilfe nach dem Muster unserer Nachbarländer.

Dass zwischen offizieller Politik der Parteien und den Anschauungen ihrer Mitglieder und Anhänger in der Frage der Sterbehilfe eine Schere besteht, zeigt auch eine von der Deutschen Hospiz-Stiftung im Juni 2000 durchgeführte Umfrage. Danach fanden sich bei der PDS mit 49,4 Prozent die meisten Befürworter der aktiven Sterbehilfe. Hingegen befürworteten die aktive Sterbehilfe nur 42,2 Prozent der FDP-, 38,3 Prozent der CDU/CSU- und 34,1 Prozent der SPD-Anhänger. Die geringste Zustimmung äußerten die Anhänger der Grünen mit 23,8 Prozent.

Abschließend ist festzustellen, dass die rechtspolitische Diskussion um die Sterbehilfe in Deutschland erst jetzt - nicht zuletzt durch die Kraft des Faktischen in Gestalt der Gesetzgebung in den Niederlanden und in Belgien - richtig in Gang gekommen ist. Es zeichnet sich dabei ab, dass dieses Problem nicht mit einigen gesetzgeberischen Maßnahmen wie etwa der rechtlichen Ausgestaltung der Patientenverfügungen erledigt werden kann. Hierzu hat der Bundesgerichtshof in seiner Entscheidung vom 17. März 2003[19] – XII ZB 2/03 – durch Einschränkung des Selbstbestimmungsrechts des Patienten zu Gunsten staatlicher Kontroll- und Entscheidungshoheit beigetragen. Wer rechtspolitisch eine aktive Sterbehilfe ausschließen will, muss sich letztlich dann aber auch dafür einsetzen, dass die personellen und finanziellen Voraussetzungen für ein Sterben in Würde geschaffen werden. Letzteres halte ich für schwieriger als die Herstellung einer mehrheitlichen Überzeugung in Bezug auf die Ablehnung der aktiven Sterbehilfe.

[19] NJW 2003, 1588 m. kritischer Anmerkung von *Uhlenbruck,* NJW 2003, 1710 „Bedenkliche Aushöhlung der Patientenrechte durch Gerichte".

4. Diskussion

Frau Schellenberg: Ihre beiden letzten Sätze fand ich ganz hervorragend. Es geht gerade auch darum, dass wir Qualität in der Betreuung Schwerkranker und Sterbender schaffen und dass ein geschultes Betreuungspersonal da ist, das weiß, wie mit dem Tod umzugehen ist. Ich denke, dass es hier große Schwierigkeiten in den Krankenhäusern gibt. Wie es in den Hospizen aussieht, kann ich nicht sagen. Ich habe z. B. einen sterbenden alten Mann erlebt, der einfach noch einmal ein bisschen Bier auf den Lippen spüren wollte. Es geht um solche banalen Fälle, wo die Schwester sagte: „Ich muss jetzt den Flur sauber machen" oder „Bei uns gibt es keinen Alkohol". Was mir noch am Herzen liegt ist die Entwicklung der medizinischen Technik. Mit ihrem Voranschreiten verlängert sich das Leben automatisch im wahrsten Sinne des Wortes, weil Menschenleben an Maschinen hängen. Ich denke, dass es gerade bei Patienten, die im Koma liegen, schwer ist, zu entscheiden, wann ich die Maschine abstelle und wann nicht. Die Komapatienten selbst können sich nicht mehr äußern. Was ist das noch für ein Leben? Mediziner sagen, es ist fast keins mehr da, dabei ist alles so umstritten. Die Fragen werden wahrscheinlich nicht zu klären sein, aber irgendwann werden die Maschinen abgestellt. Die Verantwortung dafür kann nicht alleine der Arzt übernehmen. Das muss auch in der Familie abgesprochen werden.

Richard Radloff (Richter am Amtsgericht Fürstenwalde): Sie haben gesagt, dass das neue Betreuungsänderungsgesetz verabschiedet werden soll. Können Sie uns - aus der Praxis - sagen, wann wir damit rechnen können?

Dirk Ehlert: Das ist ein Fachthema zwischen Juristen. Was ich Ihnen sagen kann ist, dass es im Frühjahr des nächsten Jahres höchstwahrscheinlich in den Bundestag eingebracht werden wird. Gegenwärtig laufen die Bemühungen, es über den Bundesrat schnellstmöglich in den Bundestag zu bringen. Die Frage, wann es in Kraft treten wird, kann ich Ihnen nicht beantworten. Ich hoffe zwar, dass es bis zum Sommer in Kraft tritt, aber das politische Geschäft ist manchmal wundersam. Ich hoffe auch und halte es für ganz wichtig, dass die Arbeitsgruppe, die die Bundesjustizministerin zur Patientenverfügung eingesetzt hat, Vorschläge erarbeitet und präsentiert, die innerhalb der Bevölkerung und hinsichtlich der Wirksamkeit sowie der Anerkennungsfähigkeit von Patientenverfügungen zu einer Klarheit führt. Rechtsklarheit will ich nicht sagen, den Anspruch erhebe ich gar nicht, darüber werden die höchsten Gerichte zu entscheiden haben. Wir müssen jedenfalls Klarheit schaffen, wir können nicht um das Thema weiter herum reden. Das Thema ist nicht nur ein juristisches, sondern ein Thema der Gesellschaft, ihrer Wertebestimmung, ihrer Ordnung und damit aus allen Kreisen der Gesellschaft zu bestimmen.

Prof. Lothar Knopp (BTU): Die letzten beiden Sätze kann ich durchaus begrüßen. Aber ist es nicht in vielen Fällen so, dass die Rechtspolitik letztendlich eine unheilige Abhängigkeit von der Wirtschaftspolitik hat? Das Problem liegt doch hier auch auf der Hand. Wir sehen es in etlichen Ländern, wo Hospize geschlossen werden, wo es wirklich Finanzierungsprobleme im Betreuungsbereich gibt. Sie haben völlig zu Recht gesagt, es gibt vordringlichere Gesetze im Moment, die auch verabschiedet werden müssen und vor allen Dingen vorrangigere wirtschaftspolitische Fragestellungen. Letztendlich geraten aber dadurch Fragestellungen, die das Individuum essentiell betreffen, dadurch total ins Hintertreffen. Aus diesem Blickwinkel heraus sind das natürlich rechtspolitisch durchaus vertretbare Forderungen, aber es sind auch zugleich Wünsche, die wirtschaftspolitisch jedenfalls nicht umgesetzt werden können. Wir stecken insoweit in einem Dilemma. Die Befürworter der aktiven Sterbehilfe sagen letztendlich: „Ihr könnt auch auf einer anderen Ebene versuchen, das Problem zu lösen. Aber die Prognosen sind denkbar schlecht, weshalb wir im Bereich aktive Sterbehilfe eine gewisse Rechtssicherheit brauchen". Um den Befürwortern der aktiven Sterbehilfe hier deutlich sichtbar entgegen treten zu können, ist es notwendig, die Palliativmedizin zu unterstützen. Das aber wird eben nicht in dem notwendigen Maß eintreten, weil es als wirtschaftspolitisch absolut nachrangig angesehen wird.

Dirk Ehlert: Ich vernehme diese sehr kritischen und auch sehr realistischen Ausführungen, möchte aber dazu eines sagen: Auch wenn die Rechtspolitik scheinbar nicht im Mittelpunkt der Gesellschaft und der Politik steht, ist es eine Notwendigkeit, dass die Rechtspolitik zu diesem Thema im Rahmen eines breiten Konsenses der Bevölkerung die Stimme hebt, zu jeder Zeit, damit nicht eine Entwicklung oder eine Welle über uns hinweg geht, die wir so nicht haben wollen. Dass finanzielle Ressourcen begrenzt sind, sollte nicht zum Anlass genommen werden, auf diesem Gebiet das Gespräch, die Meinungsbildung einzustellen. Nein, das Thema muss aktiv bleiben. Es muss den Verantwortlichen in der Politik bewusst sein, dass sie zu diesem Thema auch Stellung beziehen müssen, um nicht einer fatalen falschen Entwicklung Vorschub zu leisten oder diese Entwicklung erst zu ermöglichen. Es ist ein schwieriges, aber auch ein brandaktuelles Thema – gerade bei den großen politischen Parteien – das kann ich Ihnen versichern.

Dr. Josef Horntrich (Obermedizinalrat, Ärztlicher Direktor des Carl-Thiem-Klinikums Cottbus a.D.): Es ist sehr zu begrüßen, dass Patientenverfügungen und das Betreuungsrecht jetzt klar geregelt werden sollen. Ich hoffe nur, dass nicht der deutsche Perfektionismus zu lange daran arbeitet und dann der Patientenwille relativiert wird. Bisher war es doch so, dass dort, wo Patientenverfügungen vorlagen, diese letztlich immer wieder in Frage gestellt wurden und dann nicht zum Tragen kamen. Ich glaube, hier müsste eine klare Entscheidung getroffen werden, dass der Patientenwille mehr Gewicht erhält, als er bisher bekommen hat.

Dirk Ehlert: Genau das ist der Auftrag, den die Bundesjustizministerin den Mitgliedern der erwähnten Kommission gegeben hat. Ich wiederhole noch einmal, die Entscheidung des Bundesgerichtshofes, die wir diskutiert haben, gibt Anlass dazu, dass hier verbindliche Festlegungen diskutiert und ggf. im Wege der Vorschlagstechnik übernommen werden.

Prof. Lothar Knopp (BTU): Vielleicht noch zur Ergänzung: Sie haben es gesagt, das ist die aktuellste Entscheidung des Bundesgerichtshofs zu dieser Thematik. Der Bundesgerichtshof hat mit dieser Entscheidung aber auch gerade den Patientenwillen gestärkt, indem er die „Verfügung", die der Patient im konkreten Fall damals abgefasst hat, in der Form anerkannt hat, um dann die Brücke zum Betreuungsrecht zu schlagen.

Privatdozent Dr. Thomas Eichhorn (Chefarzt am Carl-Thiem-Klinikum Cottbus): Es stellt sich gelegentlich die Frage, ob bei höchstschwerkranken Patienten eine aktive Therapie über die lebenserhaltenden Maßnahmen hinaus fortgesetzt werden soll. Die Kliniken haben für diese Fragestellung oft eine Ethikkommission gebildet, die aus mehreren Medizinern verschiedener Fachrichtungen besteht, die bei solchen Fragen dann zusammentritt und ein gemeinsames Votum fällt. Hat eine solche Ethikkommission juristisch überhaupt eine Bedeutung oder versteckt sich da der einzelne Mediziner nicht nur hinter der Gruppe? Wie ist das juristisch zu bewerten?

Dirk Ehlert: Sie stellen mir als einem Mitarbeiter eines Justizministeriums eine sehr schwierige Frage. Gehen Sie einmal davon aus, dass die Entscheidung des Einzelnen nicht in dem Sinne qualifiziert ist, dass sie eine Entscheidung einer Ethikkommission wird. Inwieweit gewinnt sie rechtlich an Bedeutung? Das ist die Frage, inwieweit dann die Maßnahme ärztlicherseits vollzogen wird, durch Abschalten, oder was auch immer. Die Frage ist, ist es eine strafrechtlich relevante Handlung? Dann gewinnt sie an Bedeutung. Das ist zu würdigen und Herr *Kutzer*, der Vorsitzende des

3. Strafsenates des Bundesgerichtshofs war, der maßgeblich die Rechtsprechung im Strafrechtsbereich zur passiven Sterbehilfe mitgestaltet hat, hat in einem solchen Fall immer gesagt, es kommt immer darauf an, inwieweit das Krankheitsbild des Patienten irreparabel, im Grundtenor, ihren Lauf genommen hat und damit zwangsläufig tödlich endet. Das ist die Frage, die Ihnen der Mediziner beantworten kann.

Privatdozent Dr. Thomas Eichhorn (Chefarzt am Carl-Thiem-Klinikum Cottbus): Das Problem, das hinter der Ethikkommission steckt, ist doch, dass wenn Sie drei Ärzte fragen, sie drei verschiedene Meinungen hören werden. Wenn Sie einen fragen, haben Sie nur eine Meinung. Der eine, der für die Entscheidungsfindung primär verantwortlich ist, möchte sich den Rücken stärken, indem er andere Kollegen noch hinzubittet, um die Entscheidung auf einer breiteren Basis beruhen lassen zu können.

Dirk Ehlert: Das wird die Grundlage sein. Er konsultiert andere Kollegen, es werden alle Meinungen abgewogen und er fasst dann seinen Entschluss und macht seinen Entschluss damit transparent. Das ist aus ärztlicher Sicht immer etwas betrüblich. Der Jurist muss letztlich entscheiden, wenn er angerufen wird, das mag der Strafrichter, das mag der Zivilrichter sein.

Prof. Lothar Knopp (BTU): Und deshalb soll auch das Gesetz über die Patientenverfügung gerade den Ärzten eine gewisse Rechtssicherheit geben, wobei die Probleme nicht so einfach aus der Welt geschafft werden können. Was ist, wenn kein Betreuer bestellt wird, oder wenn man als Arzt nicht weiß, dass eine Patientenverfügung vorliegt? Das ist eher ein Verfahrensproblem, ein Nachweisproblem. Ich habe heute früh darauf hingewiesen, dass es beim Testament ähnlich ist.

Richard Radloff (Richter am Amtsgericht Fürstenwalde): Ich möchte davor warnen, dass wir jetzt denken, wenn solche Regelungen geschaffen werden, dass damit alle Probleme geklärt sind. Wir haben jetzt über zehn Jahre das neue Betreuungsrecht und es passiert mir noch heute als Vormundschaftsrichter im Monat mindestens einmal, dass Ärzte für Patienten, die vollgültige Vollmachten haben, Betreuungsanregungen zum Gericht schicken. D. h., wir müssen auch bemüht sein, dass wir alle, die damit beschäftigt sind, uns auch weiterbilden, um die entsprechenden Bestimmungen zu kennen. Professor Schluchter hat eingangs erwähnt, dass das Thema Sterbehilfe erst durch eigene Erfahrungen bei ihm zutage getreten ist. Die entsprechende Wissensvermittlung der rechtlichen Voraussetzungen wird wichtig sein, wenn diese Bestimmungen dann vorhanden sind. Das ist meine Auffassung aus der Praxis.

Dirk Ehlert: Die sog. Öffentlichkeitsarbeit wird zwar betrieben, aber nicht sichtbar wahrgenommen; ich kann Ihnen nur zustimmen. Vieles, was aus diesem Bereich kommt, wird nicht wahrgenommen, weil es Belange des Menschen betrifft, mit denen man sich nicht beschäftigen möchte. Aber was das Betreuungsrecht angeht, gehen Sie bitte davon aus, dass es von der Politik breit angelegt in die Öffentlichkeit getragen werden wird, auch von den Medien, weil hier der Mensch, jeder Einzelne, sich bewusst werden soll, was das ist und er wissen soll, wo und wie er es regeln kann. Die Banken haben schon längst erkannt, dass das größte Geschäft im testamentarischen Bereich liegt. Sie gehen an den Kundenstamm heran und empfehlen das, sind professionell tätig. Wir möchten im Grunde genommen, dass jeder Mensch erkennt, worüber er spricht und selbst seine Zukunft regelt. Das ist der ganze Sinn und Zweck. Frau Ministerin Richstein begrüßt die heutige Veranstaltung. Wir müssen in die breite Öffentlichkeit hineingehen und nicht nur die Fachdiskussion suchen. Dieses Thema muss auch von den Politikern angesprochen werden.

Sterbehilfe aus medizinischer Sicht

Josef Horntrich

Das Thema Tod wird oft verdrängt. Man hat Scheu, darüber zu sprechen, weil jeder eines Tages auch Betroffener sein wird. Dennoch sollte sich jeder damit befassen, so lange er noch im Vollbesitz seiner Kräfte ist.

Wovor haben die Menschen Angst, vor dem Tod oder vor dem Sterben? Der **Tod** ist etwas durch die Natur Vorherbestimmtes, Unabänderliches. Jeder weiß um die Begrenztheit seiner Lebensspanne, sei sie kurz oder lang. Das Faktum des Todes wird als unabänderlich akzeptiert. **Angst** haben die Menschen meist vor dem **Sterben** wegen der befürchteten Schmerzen, vor dem Persönlichkeitsverfall, vor der Hilfsbedürftigkeit.

Man kann psychologisch zwischen Angst und Furcht unterscheiden. **Angst** wird als Ausgeliefertsein, einem unbekannten und unberechenbaren Schicksal definiert, die **Furcht** als die Reaktion auf das überschaubare und berechenbare Problem. Angst ist irrational, Furcht rational. Angst lähmt, Furcht mobilisiert Gegenwehr. In einer Auseinandersetzung mit dem Problem Sterben und Tod kann aus einer lähmenden Angst Kräfte mobilisierende Furcht werden. Dazu ist zweierlei nötig: Für den Patienten eine umfassende Aufklärung über Diagnose, Krankheitsverlauf und Therapiemöglichkeiten, für den Arzt Kenntnis über Reaktionsweisen und Bewältigungsarten des Kranken.

Aufklärung

Das Thema Aufklärung über das Leiden ist seit Alters her umstritten. Die Meinungen schwanken vom Verschweigen bis zum radikalen Offenlegen und alle Vertreter führen gute Gründe an. Gegen eine Offenlegung des wahren Sachverhalts sprachen sich aus: *Krecke*, 1920: „Der Patient verstehe es sowieso nicht". *Hufeland*, 1806: „Den Tod verkünden heißt, den Tod geben". Seine Patienten verloren zwar das Leben, nicht aber die Hoffnung, so sagte man. *Jaspers*, 1932: „Der Patient will die Wahrheit nicht wissen. Wenn er fragt, begehrt er eine für ihn gute Antwort". *Engelhardt*, 1978: „Die Mitteilung der Diagnose löst Angst und Depression aus". So bei Theodor Storm nach der Diagnose Magenkrebs. Durch ein Scheinkonsil wurde die Diagnose revidiert, wonach er die Novelle „Der Schimmelreiter" schrieb.

Für eine wahrheitsgemäße Aufklärung traten ein: *Siebeck*, 1953: Aus **Achtung** vor der Persönlichkeit des Kranken. *Miller*, 1955: „Es gibt auch für den Arzt keine **doppelte Moral**, die ihm das Lügen erlaubt, auch wenn es sich um eine sogenannte „fromme" Lüge handelt". *Weißmann*, 1962: „Das **Vertrauen** zum Arzt darf nicht durch Lügen zerstört werden". *Feifel*, 1965: „**Wahrhaftigkeit** und Hoffnung schließen einander nicht aus". Radikale Aufklärung kann auch als Abwehrwaffe genutzt werden, um sich im Hochrisikobereich vor Haftpflichtansprüchen zu schützen. Zum Beispiel Beipackzettel von Medikamenten oder Aufklärung vor radikalen und ultraradikalen Behandlungsmethoden.

Alle diese Meinungen und Standpunkte sind zu bedenken, wenn es gilt, den richtigen Weg bei der Aufklärung und Patientenführung zu finden. Es gibt nicht nur **einen** richtigen Weg. Aber es gibt für jeden einzelnen Patienten einen individuellen Weg. Aufklärung ist kein einmaliger Akt, sondern ein Aspekt und Teil im Rahmen einer länger dauernden Betreuung. Deshalb gilt es zu überlegen, wann etwas gesagt wird, was gesagt wird und wie viel gesagt wird. Was gesagt wird, muss wahr sein, aber man muss nicht alles sagen, zumindest nicht zur Unzeit.

Das Bedürfnis nach Aufklärung ist unterschiedlich groß. Es reicht vom Wunsch nach Klarheit bis zur völligen Verdrängung. Der Arzt soll sich nicht aufnötigen, sich aber jeder offenen und versteckten Frage stellen. Zurückhaltend sollte er sich zu Auskünften bezüglich der Prognose äußern. Über die Zeitdauer der verbleibenden Lebensspanne und über die Umstände des weiteren Leidens kann er nicht immer zutreffende Aussagen machen.

Die Einstellung zum Tod wird stark geprägt von den Lebenssituationen. Es seien genannt.

- Das Lebensalter. Es gibt total verschiedene Problemlagen, wenn ein Kind, ein Jugendlicher, ein Erwachsener im Berufsleben oder ein lebenssatter Mensch stirbt.
- Das Bildungsniveau. Es beeinflusst die Einsicht in die Krankheit und die Einstellung zum Tod.
- Die Mentalität. Liegt eine skeptische oder optimistische Grundhaltung vor?
- Von Erwartungen im Berufsleben und Verpflichtungen gegenüber der Familie.

Über Reaktionsweisen des Patienten im Krankheitsverlauf zum Tode hin hat die Psychologin *Kübler-Ross* in den 60-er und 70-er Jahren Pionierarbeit geleistet. Sie arbeitete folgendes Grundmuster heraus:

a) nicht wahrhaben wollen: „Nicht ich."
b) Zorn: „Warum ich?"
c) Verhandeln: „Vielleicht ich doch nicht."
d) Depression: „Was bedeutet das für mich."
e) Zustimmung: „Ja, wenn es sein muss, ich kann."

Andere Autoren haben weitere Ablaufmuster erarbeitet, auf die aber hier nicht eingegangen werden kann. Aus den Ausführungen wird aber ersichtlich, Aufklärung ist nur ein Aspekt der Betreuung und Sterbebegleitung, die dem Patienten die Angst nehmen soll, um Kräfte für die Bewältigung seiner letzten Lebensphase zu wecken.

Sterbehilfe im historischen Kontext

Im hippokratischen Eid steht das Verbot, dem Kranken ein tödliches Gift zu verabreichen. Das ist allen bekannt. Weniger bekannt ist die Weisung aus dem Corpus Hippokratikum aus dem 5. vorchristlichen Jahrhundert: „Der Arzt befasse sich mit der völligen Beseitigung von Leiden der Kranken und mit dem Lindern der Heftigkeit der Leiden. Aber er wage sich nicht heran an jene, die von der Krankheit schon überwältigt sind." Eine ärztliche Sterbehilfe kannte die griechische Antike nicht. Die Befürchtungen über eine Rufschädigung durch den Tod eines Patienten überwogen bis in die Neuzeit. In der griechischen Antike bedeutete Euthanasie die seelische Vorbereitung auf ein philosophisches Ende, eine geistig aktive Haltung des Sterbenden. In ähnlicher Weise waren die ars moriendi-Schriften des ausgehenden Mittelalters auf die Hinorientierung zum jenseitigen Leben gerichtet. Daneben gab es Empfehlungen für Maßnahmen im Sinne einer Grundpflege. Der Begriff Euthanasie hatte bis in das 20. Jahrhundert hinein positive Zielsetzungen. So heißt es in Meyers großem Konservationslexikon von 1909: „Euthanasie, Todeslinderung, das Verfahren durch das der Arzt den einzutretenden Tod für den Sterbenden zu erleichtern und schmerzlos zu machen sucht, besteht hauptsächlich in zweckmäßiger Lagerung, Darreichung von Getränken, Anwendung anästhesierender und narkotischer Mittel bei Vorhandensein von Schmerzen und vor allem im Fernhalten von jeder außeren Störung, **jeder Andeutung über den bevorstehenden Tod**, auch dann, wenn der Sterbende scheinbar gänzlich teilnahmslos daliegt."

Offenbar war aber bereits zu *Hufelands* Zeiten die Diskussion um die Sterbehilfe im Gange. In der Anleitung zur medizinischen Praxis schreibt er 1836: „Das Leben der Menschen zu erhalten und wo möglich zu verlängern, ist das höchste Ziel der Heilkunst und jeder Arzt hat geschworen nichts zu tun, wodurch das Leben eines Menschen verkürzt werden könnte." Der Theriak war der opiumhaltige Saft, den die Apotheker zur Schmerzlinderung damals zubereiteten. Ohnehin in seiner Konzentration schwer zu bestimmen, mag er von manchem Arzt großzügig verordnet worden sein.

Die **aktive Euthanasie**, die gezielte Lebensverkürzung, meldete sich zu Wort 1895 mit der Schrift von *Jost*: „Das Recht auf den eigenen Tod". Es war die Zeit, in der die Patientenrechte durch das Reichsgerichtsurteil von 1896 gestärkt wurden. Die voluntas aegroti wurde vor das salus aegroti gesetzt. Die Forderung, Recht auf den eigenen Tod, blieb auf dieser Linie. Einen Traditionsbruch nicht nur der ärztlichen Ethik, sondern von Ethik und Moral überhaupt stellte das Buch: „Die Freigabe der Vernichtung lebensunwerten Lebens" aus dem Jahre 1920 dar. Die wirtschaftliche und seelische Depression im damaligen Deutschen Reich können nicht entschuldigen, was der angesehene Leipziger Strafrechtler *Karl Binding* und der Freiburger Psychiater *Alfred Hoche* damals vorschlugen. Sie schufen Termini wie „geistig Tote", „Ballastexistenzen" und „lebensunwertes Leben". Die Motive, die der Argumentation zu Grunde lagen, waren **Mitleid** und die **ökonomische Belastung** der Gesellschaft. Der Nationalsozialismus brachte als drittes Motiv die **Rassenpflege** ins Spiel: „Alle großen Kulturen seien an Blutvergiftung zu Grunde gegangen" – „das Recht des Siegers, des Besten, des Stärkeren, müsse wieder hergestellt werden". Das waren die Thesen der Sozialdarwinisten, die das Gesetz der Selektion im Kampf um das Dasein aus der Natur auf Völker und Staaten übertrugen.

Zunächst blieben diese gefährlichen Gedanken in den Köpfen. Den Stein ins Rollen brachte ein konkreter Fall. Anfang 1939 befand sich in der von Prof. Catel geleiteten Kinderklinik in Leipzig ein blindes, geistig behindertes Kind mit nur 2 Extremitäten. Die Großmutter des Kindes richtete ein Gesuch um Gewährung des Gnadentodes an Hitler. Nach Prüfung durch seinen Leibarzt Brandt wurde dem Gesuch entsprochen. Dieser Fall soll der Anstoß zu dem Erlass vom 01.01.1939 gewesen sein, wonach bei infauster Prognose der Gnadentod gewährt werden konnte. Hinter dieser human erscheinenden Regelung verbarg sich der Auftrag zu einer der größten Tötungsaktionen, die nicht nur medizinisches Personal, sondern auch Lazarettkapazitäten freisetzen sollte. Bis zum August 1941 waren der Aktion 80.000 Menschen zum Opfer gefallen. Wegen zahlreicher Proteste von verschiedenen Seiten musste die Aktion gestoppt werden. Die späteren Morde an Juden, Polen, Sowjetmenschen und Gesinnungsfeinden sind nicht der Euthanasieaktion zuzurechnen, sondern sind Völkermord und Verbrechen gegen die Menschlichkeit.

Die Deutschen in West wie in Ost fühlten sich nach dem Zusammenbruch 1945 von diesem Geschehen gebrandmarkt und geschockt. Erst allmählich wurde ihnen das Ausmaß des angerichteten Unheils bewusst. Als Gegenreaktion und Überreaktion wurde jetzt in der Medizin alles vermieden, was den Anschein einer Lebensverkürzung erwecken konnte. Bis Mitte der 70-er Jahre waren maßgebliche Stimmen zu hören, die eine Maximaltherapie bis zum letzten Atemzug forderten. Ich zitiere den Strafrechtslehrer *Bockelmann* im Westen Deutschlands, der 1968 die Auffassung vertrat, die Beendigung einer künstlichen Beatmung erfülle den Tatbestand der vorsätzlichen Tötung. Auch beim Sterbenden müssten alle Mittel ausgeschöpft werden. Einen ebenso rigorosen Standpunkt vertrat der Neurologe Prof. *Seidel*, der spätere ZK-Sekretär in der Humanitas 23 1974 im Osten Deutschlands. Er klassifiziert Sterbenlassen als unterlassene ärztliche Hilfeleistung und schreibt: „Es entspricht dem zutiefst humanistischen Grundsatz unserer Gesellschaft, den Schutz von Leben und Gesundheit der Bürger als vordringlichste Aufgabe zu betrachten. Es gibt keinerlei ärztlich-ethische oder rechtliche Grundlage für ein „Sterbenlassen“ eines Kranken durch Verzicht auf eigentlich mögliche, ärztlich herbeiführbare Lebensverlängerung. Die Unterlassung entsprechender, wirklich das menschliche Leben verlängernder Maßnahmen wäre rechtlich als unterlassene Hilfeleistung, als nicht Beachten der ärztlichen Sorgfaltspflicht zu klassifizieren.“ In dem gleichen Artikel stellt *Seidel* das Selbstbestimmungsrecht des Patienten in Frage indem er schreibt: „Im Gegensatz zu der oben erwähnten Petition, welche einer gütigen Euthanasie das Wort redet, indem einem Sterbenden das Recht zugebilligt werden soll, bis zu einem gewissen Ausmaß über Zeitpunkt und Art seines Todes zu bestimmen, lässt sich die Auffassung begründen, dass derartige ärztliche Hilfemaßnahmen die das Leben verlängern selbst dann berechtigt und notwendig sind, wenn dies im Gegensatz zu einer Meinungsäußerung der Betroffenen oder seiner Angehörigen steht.“

Solche extremen und rigorosen Standpunkte blieben nicht unwidersprochen. Das waren vor allem die Anästhesisten, die mit einer Maximaltherapie bis zum letzten Atemzug in Bedrängnis kamen und sich nach dem Sinn ihres Tuns fragen lassen mussten. So befasste sich mein Freund *Paul Fritsche*, Anästhesist in Homburg in seiner Habilitationsschrift 1973 mit dieser Thematik und forderte wie auch andere Kollegen seines Faches, Maßnahmen der Intensivtherapie, die nur eine künstliche Verlängerung des irreversiblen Sterbevorgangs bewirken, einstellen zu dürfen. Dabei ging es weniger um einen Behandlungsabbruch als um einen Behandlungsabbau. Im Gegensatz zu *Bockelmann* hatte sich der Strafrechtler *Eberhard Schmidt* bereits 1957 in diesem Sinne geäußert: „Gewiss ist Lebenserhaltung vornehmste Pflicht des Arztes. Kann er aber ein Leben nur unter Qualen erhalten, besteht keine Aussicht, mit der Lebensverlängerung einen erträglichen Zustand zu schaffen, wird der Kranke nur gehindert zu der ihm gesetzten Zeit zu sterben, dann verliert die Maßnahme der Lebensverlängerung ihren ärztlichen Sinn." Zusammenfassend lässt sich sagen, dass dort, wo eine Heilung nicht mehr möglich ist, die Behandlung zumutbar und angemessen sein soll. Die Behandlung soll nicht belastender als die Krankheit sein. Die angestrebte Lebensverlängerung darf dem Kranken nicht zur Last werden. Es soll nicht eine Situation geschaffen werden, die Goethes Mephisto so kennzeichnet: „Vernunft wird Unsinn, Wohltat Plage." Auch vom Terror der Humanität ist die Rede.

Stellungnahmen der Bundesärztekammer

Erst im April 1979 verabschiedete die BÄK Richtlinien für die Sterbehilfe, die sich bewusst an die der Schweizerischen Akademie der Wissenschaften hielten. Auch die Deutsche Gesellschaft für Chirurgie publizierte eine Resolution mit Hinweisen zur Behandlung Todkranker und Sterbender. Grundtenor der Richtlinien: Verbot aktiver Tötung - Billigung des Behandlungsabbaus bei Patienten, bei denen der Sterbeprozess bereits eingesetzt hat. Die Begrifflichkeiten aktive/passive, direkte/indirekte Euthanasie werden nicht benutzt. Man darf vermuten deswegen, weil der Begriff Euthanasie korrumpiert und pervertiert war. Aber auch das Wort Sterbehilfe blieb nicht von Kritik verschont, da man ihm Sterbe**nach**hilfe unterstellte. So wird in den aktualisierten Richtlinien der BÄK von 1993 und 1998 von Sterbebegleitung gesprochen, obwohl dieser Begriff den Handlungsauftrag des Arztes nicht voll abdeckt. In den Richtlinien von 1998 wird auf die Ermittlung des Patientenwillens sowie auf Patientenverfügungen und Vorsorgevollmachten abgestellt. Diese letzte Überarbeitung war nach dem Sterbehilfeurteil des Bundesgerichtshofes vom 13.09.1994 notwendig geworden. In diesem sogenannten Kemptener Urteil ging es um folgendes: Eine 73-jährige Patientin war nach einem Herzstillstand mit Reanimation irreversibel zerebral schwerst geschädigt und seit 3 Jahren auf eine Sondenernährung wegen Schluckunfähigkeit angewiesen. Sie war geistig nicht mehr kommunikationsfähig. Der behandelnde Arzt und der Sohn als Betreuer kamen überein, die Sondenernährung einzustellen und nur noch Tee zuzuführen. Der Pflegedienstleiter hatte Bedenken gegen die rechtliche Zulässigkeit dieser Einschränkung und benachrichtigte das Vormundschaftsgericht, das das Absetzen der Ernährung untersagte und den Fall der Staatsanwaltschaft übergab. Darauf kam es zum Strafverfahren gegen Arzt und Sohn der Patientin. Sie wurden in erster Instanz vom Landgericht wegen versuchten Totschlags für schuldig befunden und zu Geldstrafen verurteilt. Die Revisionen hatten Erfolg und beide wurden in neuen Verhandlungen freigesprochen. Der Bundesgerichtshof stellte auf den mutmaßlichen Willen der Patientin ab. Sie hatte anlässlich einer Fernsehsendung geäußert, als ein ähnlicher Fall dargestellt wurde, so nicht enden zu wollen. Mit diesem Urteil war das Selbstbestimmungsrecht der Patienten gestärkt worden. Bedeutsam war an diesem Urteil, dass es sich auf eine Phase bezog, in der der unmittelbare Sterbeprozess noch nicht eingesetzt hatte. Die Richtlinien der BÄK bis 1993 bezogen sich auf den Behandlungsabbau, wenn der Sterbeprozess bereits eingesetzt hatte. In die gleiche Richtung wie das Kemptener Urteil fiel die Entscheidung des Oberlandesgerichtes Frankfurt 1998 in einem ähnlich gelagerten Fall. Mit diesen Urteilen wurde auch die Rolle der Patientenverfügungen gestärkt. Sie waren entstanden, als Reanimation und Intensivtherapie nicht nur viele Patienten retteten, sondern oftmals auch den Sterbeprozess inhuman verlängerten. Ihre Verbindlichkeit wurde von Ärzten und Juristen oft in Frage gestellt, da die Entscheidung in der Phase der Gesundheit und damit in anderer Beurteilungssituation getroffen worden sei. Die neuesten gerichtlichen Entscheidungen verlangen für das Absetzen der künstlichen Ernährung, die in einem Patiententestament oder von der Person des Vertrauens in der Vorsorgevollmacht gefordert werden, die Bestätigung des Willens durch das Vormundschaftsgericht. Das dient der Rechtssicherheit und stellt das Selbst-bestimmungsrecht nicht in Frage.

Aktive Euthanasie in Holland

Die öffentliche Forderung nach der freien Verfügbarkeit über das eigene Leben reicht weit zurück. In England gibt es seit 1932 und in den USA seit 1938 eine EuthanasieGesellschaft, denen bekannte Persönlichkeiten angehörten. Gesetzentwürfe zur Legalisierung des Gnadentodes scheiterten bisher in England ebenso wie in den USA. Von 2.500 Persönlichkeiten des öffentlichen Lebens wurde 1952 eine Petition an die Vereinten Nationen gerichtet mit dem Ziel, die Erklärung der Menschenrechte zu erweitern. Das Recht unheilbar Leidender auf freiwillige Euthanasie sollte aufgenommen werden. Auch diese Petition hatte keinen Erfolg. Diese Entscheidungen wurden von der Sorge getragen, dass nach Durchbrechung des Prinzips der grundsätzlichen Schutzbedürftigkeit menschlichen Lebens die neue Grenze nur schwer festzulegen ist (Dammbruchargument).

Einen eigenen Weg gingen die Niederlande. Schon vor Jahrzehnten ließen Gerichtsurteile aufhorchen. Vom Schwurgericht Lüttich wurde im November 1962 das Ehepaar von de Putt freigesprochen, das seine ohne Arme geborene Tochter durch eine Überdosis von Schlafmitteln einige Tage nach der Geburt getötet hatte. Ein anderes Gericht verurteilte 1973 eine Ärztin zu einer symbolischen Freiheitsstrafe von 1 Woche, die ihre schwerkranke, teilgelähmte und depressive Mutter auf deren Verlangen hin durch eine Überdosis Morphium getötet hatte. Weitere Urteile mit dieser Tendenz folgten. Es schien ein stilles Übereinkommen zwischen Ärzten und der Justiz zur aktiven Lebensbeendigung zu geben. 1994 trat ein neues Meldegesetz für die aktive Sterbehilfe in Kraft. 1999 folgte der Gesetzentwurf zur Legalisierung der Euthanasie und Selbstmordunterstützung. Darin wird festgelegt, dass die Beendigung des Lebens von einem Arzt vorgenommen werden muss. Das Leiden des Patienten muss unerträglich und aussichtslos sein. Die Zustimmung des aufgeklärten Patienten muss freiwillig sein. Der Arzt muss einen zweiten Kollegen zur Bestätigung seines Handelns hinzuziehen. Obwohl die Meldungen lückenhaft waren, werden folgende Angaben gemacht (1995): Euthanasie durchgeführt: 2.200 (2,4 % aller Todesfälle), Euthanasie beantragt: 9.700 (7,1 % aller Todesfälle), Lebensbeendigung ohne ausdrücklichen Wunsch: 900 (0,7 %!), Nichteinleiten oder Beenden einer Behandlung (einschließlich Sondenernährung): 27.300 (20,1 %) aller Todesfälle.

Die deutsche und holländische Rechtsprechung unterscheiden sich fundamental. Die Rechtsprechung bestimmt die Handlungen der Ärzte des jeweiligen Landes. Die Ärzte beider Länder berufen sich auf das ärztliche Ethos, das sich offensichtlich in wesentlichen Punkten grundverschieden auslegen lässt. Fundament des ärztlichen Wertekanons war bisher das Tötungsverbot. Das ist grundgelegt im hippokratischen Eid „Du sollst kein tödliches Gift verabreichen" und es ist grundgelegt im 5. Gebot des Dekalogs „Du sollst nicht töten". Das Selbstbestimmungsrecht des Menschen/Patienten muss ganz sicher stärker berücksichtigt werden als es bisher der Fall war. Sollte aber das holländische Beispiel Schule machen und dem Selbstbestimmungsrecht Vorrang vor dem Tötungsverbot eingeräumt werden, wäre das ein geistig-kultureller Paradigmenwechsel.

Eine eigene Gesetzgebung zur Sterbehilfe gibt es in Deutschland nicht. Die Richtlinien der Bundesärztekammer werden von der Justiz als Handlungsgrundlage akzeptiert. Noch ist sich die deutsche Ärzteschaft in der Ablehnung der aktiven Euthanasie einig. Wird es so bleiben?

5. Diskussion

Prof. Wolfgang Schluchter: Ich möchte das Augenmerk auf etwas richten, was Sie eingangs gesagt haben, nämlich die Frage Angst und Furcht. Sie haben das wirklich klassisch zitiert. Es kommt natürlich auch darauf an, und vielleicht wird es dann auch Gegenstand unserer heutigen Diskussion, wie man aus Angst Furcht macht, wie dieser Transformationsprozess vonstatten geht, denn Furcht ist in der Tat, wie Sie sagen, die Grundlage für Selbstbestimmung.

Fred Zipperling (Richter am Amtgericht Königswusterhausen): Es hat mich sehr berührt, was Sie zum Thema Angst oder Furcht gesagt haben. Wovor haben die Menschen Angst? Nach meinem Dafürhalten vor dem Sterben nicht unbedingt, denn es ist ja nie jemand gekommen, der einem erzählt hat, Sterben sei schlimm. Im Zweifel haben die Menschen Angst vor dem, was davor ist, vor den Leiden, vor den Schmerzen, vielleicht auch vor der Hilflosigkeit, die sie erkennen müssen, wenn der Geist wach ist und der Körper nicht mehr so funktioniert, wie er soll. Die Zeit davor kann ja unendlich lang sein. Zwischen „Jetzt bin ich gesund." und „Dann bin ich tot." können Jahrzehnte liegen, je nach dem, was ich nun für eine Krankheit habe. Ich glaube, in dem Moment, wo der Patient sagt, jetzt, wo ich gesund bin: „Davor habe ich Angst; das will ich so kurz wie möglich, auch noch, wenn es mir schlechter geht.", das ist Punkt der Selbstbestimmung, den man einfach mehr akzeptieren sollte. Von daher geht man vielleicht immer noch zu zart mit dem Thema um. Darf man sich überhaupt trauen, über aktive Sterbehilfe nachzudenken? Momentan wohl kaum.

Palliativmedizin und Hospizpflege – Alternative zur Sterbehilfe

Annette Wallenburg

Im Mai 2002 wurde in Belgien ein Euthanasiegesetz (aktive Sterbehilfe) verabschiedet, dass über die Regelungen des niederländischen Gesetzes von 2001 deutlich hinausgeht. Belgien und die Niederlande sind neben der Schweiz und dem US-amerkanischen Bundesstaat Oregon die einzigen Länder, in denen die gezielte ärztliche Tötung legalisiert sind.

In Deutschland sterben jährlich rund 850.000 Menschen, davon etwa 210.000 an den Folgen einer Krebserkrankung. Sterbeort von rund 70 Prozent dieser überwiegend konventionell versorgten Patienten sind Krankenhäuser (55 Prozent) und Pflegeeinrichtungen (15 Prozent). Nur 30 Prozent sterben zu Hause.

Nach Auffassung der Deutschen Hospiz Stiftung erhalten Schwerstkranke in Deutschland gegenwärtig zu wenig umfassende Sterbebegleitung. Im Jahr 2002 seien lediglich 51.000 Schwerstkranke und Sterbende betreut worden. Das sind gerade 24,3 Prozent der Patienten, die an einer Krebserkrankung sterben.

Nach neuesten Zahlen sind durch die bundesweit 956 ehrenamtlichen ambulanten Hospizdienste im vergangenen Jahr 35.600 Sterbende begleitet worden. In den 125 stationären Hospizen starben rund 8.400 Menschen, davon allein 139 Patienten (16,5 Prozent) im StadtHospiz Cottbus. Gut 7.000 Menschen wurden auf 76 Palliativstationen versorgt.

In Nordrhein-Westfalen ist die Zahl der von ehrenamtlichen ambulanten Hospizdiensten betreuten Menschen mit 10.100 am höchsten, gefolgt von Baden-Württemberg (6.500). Mit 200 Personen ist die Zahl in Sachsen-Anhalt am niedrigsten.

Es sind immer Defizite, die den Wunsch nach aktiver Sterbehilfe bei vielen Menschen aufkommen lassen. Die eingangs mit Zahlen belegte überaus unbefriedigende Versorgungssituation der Begleitung Schwerstkranker und Sterbender sowie deren Angehöriger hat ihre Ursachen u.a. im Fehlen von geeigneten Räumen, geschultem Personal und Zeit.

Etwa 23 Prozent der Menschen sterben so, dass Pflegekräfte von einem „unwürdigen Tod" sprechen. Vor etwa 14 Jahren (1989) waren über 70 Prozent der in Kliniken Beschäftigten der Ansicht, dass ein würdevolles Sterben in Krankenhäusern nicht möglich sei.

Palliativmedizin und Hospizpflege bemühen sich seit Jahren, die einschlägigen Defizite zu verringern. Zugleich sind diese zunehmenden Aktivitäten eine Alternative zur sog. legalen und illegalen „Tötung auf Verlangen“. Dabei geht es zuvorderst nicht darum, dem Leben Zeit hinzuzufügen, sondern der verbleibenden Zeit Leben zu verleihen.

Wenn Menschen gefragt werden, welche Ängste sie mit dem eigenen Sterben verbinden, so sind die Antworten – wie könnte es anders sein – einerseits sehr unterschiedlich, andererseits aber durchaus komplex:

- Menschen haben Angst vor Isolation von der Familie, von zu Haus, von der Arbeit;
- Angst, unfähig zu sein, unerledigte Dinge zu Ende führen zu können;
- Angst vor Lebenskonsequenzen für die Zurückgelassenen; Angst vor Abhängigkeit und dem Gefühl unnütz geworden zu sein und schließlich
- Angst, Schmerzen erleiden zu müssen und sie nicht aushalten zu können.

Vor dem Hintergrund der Prognosen des Statistischen Bundesamtes wird die Einwohnerzahl in Deutschland von derzeit 82 Millionen auf 72 Millionen im Jahr 2040 abnehmen und sich gleichzeitig der Anteil der Menschen über 65 Jahre verdoppeln. Ich hatte eingangs erwähnt, dass 210.000 Menschen an den Folgen einer Krebserkrankung sterben, d.h. 25 Prozent aller Todesfälle in Deutschland sind durch eine Tumorerkrankung bedingt und bis zum Jahr 2010 ist mit einem Anstieg der Krebsrate um 30 bis 40 Prozent zu rechnen. Diese durchaus nicht undramatische Entwicklung erfordert eine gravierende Verbesserung des Stellenwertes der Palliativmedizin und -pflege sowie der ambulanten und stationären Hospizversorgung in Deutschland. **Um es deutlich zu sagen: Sterbehilfe - ob tabuisiert oder offen debattiert - ist weder heute noch morgen eine Alternative!**

Die Befürworter aktiver Sterbehilfe setzen Missstände im bestehenden Gesundheitssystem voraus und zementieren sie damit, anstatt sie zu hinterfragen und für dringend notwendige Veränderungen zu sorgen. Sie verhindern dadurch eine Neuorientierung mit der Verbesserung der Umstände des Sterbens überall, wo gestorben wird. Der Schwerstkranke soll schnell und kostengünstig sterben. Aktive Sterbehilfe gerät auf diese Weise zur makabren Fortentwicklung der Kostenlogik einer ausschließlich ökonomischen Orientierung des Gesundheitswesens.

Allein die Möglichkeit, legale aktive Sterbehilfe einfordern zu können, würde zu einem Druck führen, dies auch tun zu müssen, weil es gesellschaftlich anerkannt und gutgeheißen wird. Die Ängste, die Sterbende reflektieren und über die ich zuvor gesprochen habe, geraten in ein Wechselspiel, was bereits heute zu beobachten ist: Umgebende Personen empfinden einen Leidenden schnell als Belastung und vermitteln dieses

Gefühl zurück. Unterschwellig werden Aggressionen gegen den Kranken entwickelt, der nicht den entlastenden Todeswunsch äußert. So entsteht ein Druck auf den Kranken, seinem Leben ein Ende zu setzen.

Wie eine Gesellschaft mit Hoffnungslosen und Verzweifelten umgeht, zeigt den Grad ihrer Zivilisation. An ihrem Verhalten gegenüber Alten, Kranken und Sterbenden erkennt man ihren Entwicklungsstand. Resultierend daraus und aus den nachweisbaren demoskopischen Erwartungen sind die Verpflichtung für eine Fortentwicklung und Weiterbildung in der Behandlung von schwerkranken Tumor- und anderen Patienten abzuleiten, die keine Aussicht auf Heilung haben oder erfahrungsgemäß unter starken Schmerzen und anderen körperlichen Symptomen sowie Lebenskrisen und Angst leiden. **Überaus bemerkenswert in diesem Zusammenhang ist, dass keine der großen Weltreligionen das Töten auf Verlangen propagiert. Das allein sollte uns zur Zurückhaltung und Demut mahnen, zumal auf diese Weise das hospizliche Denken zum gemeinsamen Kulturerbe der Menschheit gehört.**

Die Palliativmedizin sieht ihre Aufgabe darin, sich im besonderen Maße diesen Kranken mit ihren Problemen anzunehmen. Die Palliativmedizin widmet sich der Behandlung von Patienten mit einer nicht heilbaren, weit fortgeschrittenen und fortschreitenden Erkrankung mit begrenzter Lebenserwartung. Das Hauptziel ist eine Verbesserung der Lebensqualität zu erreichen. Diese Definition beschränkt die palliativen Behandlungsmöglichkeiten nicht auf bösartige Krankheiten, sondern schließt viele Patienten mit chronischen Leiden und Behinderungen (z.B. neurologische Erkrankungen wie ALS, AIDS u.a.m.) ein.

Die Palliativmedizin und -pflege sowie die Hospizversorgung beruhen auf einem ganzheitlichen Konzept in der Betreuung von schwerkranken und sterbenden Patienten und beinhalten die physischen, psychischen, sozialen und spirituellen Aspekte.

Palliativstationen können als die Umsetzung der Hospizidee im Akutkrankenhaus betrachtet werden. Für die Umsetzung eines ganzheitlichen Behandlungsansatzes mit möglichst rascher Schmerz- und Symptomlinderung ist neben der kompetenten ärztlichen und pflegerischen Behandlung die enge Zusammenarbeit mit Sozialarbeitern, Psychologen, Physiotherapeuten, Seelsorgern und anderen Berufsgruppen erforderlich. Ziel ist es, die Entlassung des Patienten möglichst in die häusliche Umgebung mit ausreichender Symptomkontrolle und damit Verbesserung der Lebensqualität, um dort von spezialisierten ambulanten palliativmedizinisch -und pflegerisch geschultem Personal versorgt zu werden. Die Notwendigkeit solcher Dienste ist im Abschlußbericht des „Modellvorhabens zur Qualitätssicherung in der ambulanten supportiven Therapie von Krebspatienten" verankert, der 1998 vom Fachbereich Medizin der Universität Hamburg,

Arbeitsschwerpunkt Allgemeinmedizin und Gesundheitssystemforschung, unter Mitarbeit der hier Vortragenden entstanden ist. Der damit im Zusammenhang stehenden intensiven Kooperation von Hausarzt und spezialisiertem Pflegedienst kommt ein besonderer Stellenwert zu.

Die praktische Umsetzung der Palliativmedizin hat in Deutschland mit deutlicher Verzögerung gegenüber Großbritannien und den skandinavischen Ländern zwar bereits 1983 begonnen und nach zunächst zögerlicher Weiterentwicklung in den 80er Jahren seit Anfang der 90er Jahre des vergangenen Jahrhunderts deutlich an Dynamik gewonnen. Dennoch sind wir noch weit davon entfernt, von einer zufriedenstellenden palliativmedizinischen Gesamtversorgung sprechen zu können. Nicht zuletzt die intensiv geführte Diskussion über die Legalisierung der aktiven Sterbehilfe zwingt gerade zu, eine Alternative aufzuzeigen und konsequent umzusetzen. Dass es dabei viel zu tun gibt, mag eine Vergleichszahl belegen: In Deutschland gab es im Jahr 2000 152 Palliativstationen und Hospize; demgegenüber in Großbritannien mehr als 230 Einrichtungen dieser Art.

Hospize sind die stationäre Verwirklichung der Hospizidee mit einer eigenen Infrastruktur. In Hospizen werden schwerstkranke und sterbende Menschen mit einer nicht heilbaren, fortschreitenden und fortgeschrittenen Erkrankung mit begrenzter Lebenserwartung betreut, bei denen eine stationäre Behandlung im Krankenhaus nicht erforderlich und eine ambulante Betreuung zu Hause nicht möglich ist. Der Schwerpunkt der Arbeit in einem Hospiz liegt in der Überwachung von Schmerztherapie und Symptomkontrolle und in der palliativpflegerischen, psychosozialen und spirituellen Betreuung. Die Versorgung erfolgt durch palliativmedizinisch geschultes Personal, das durch ehrenamtliche Kräfte unterstützt wird. Die ärztliche Betreuung erfolgt überwiegend durch niedergelassene Ärzte.

In Cottbus gibt es seit 1997 ein stationäres Hospiz. Das StadtHospiz wurde seinerzeit als erstes Hospiz im Land Brandenburg ohne jegliche öffentliche Mittel eröffnet. Inzwischen gibt es weitere Hospize in Frankfurt/Oder, Lehnin und Neuruppin. Die Fachstation für palliativmedizinische Versorgung verwirklicht ein bislang einmaliges Gesamtkonzept für Brandenburg und gilt in seinem modellhaften Charakter beispielgebend für die Bundesrepublik. Zum Hauptaugenmerk der Einrichtung, mitten im Zentrum von Cottbus gelegen, gehört eine kompetente schmerztherapeutische Betreuung, die mit einem intensiven Pflege- und Zuwendungsverständnis verbunden ist. Das StadtHospiz hält von insgesamt 20 Betten 15 für Hospizpatienten und ihre Angehörigen bereit. In den vergangenen mehr als 6 Jahren sind 1.300 Patienten betreut worden. Seit 2002 ist als Abteilung des Hospizes ein Ambulanter PalliativDienst angegliedert. Insgesamt 30 gut qualifizierte Mitarbeiter sind durchgängig bestrebt, eine ganzheitliche Betreuung unheilbar kranker Menschen anzubieten. In enger

Zusammenarbeit mit der Onkologischen Schwerpunktpraxis Dr. von Grünhagen, zahlreicher onkologisch tätiger niedergelassener Fachärzte und Anästhesisten, die als Schmerztherapeuten arbeiten, ist es gelungen, für Südbrandenburg ein tragfähiges palliativmedizisches und -pflegerisches Gesamtsystem zu installieren, das sich in der Praxis nachhaltig bewährt hat.

Meine Erfahrung in all den Jahren ist es, dass der Wunsch nach aktiver Sterbehilfe ein Aufschrei eines nichtbetreuten, schlecht versorgten, alleingelassenen, schmerzleidenden Menschen ist. Menschen, denen unsere Liebe und Zuneigung am Ende ihres Lebens gilt, die medizinisch und pflegerisch optimal versorgt sind, werden nur überaus selten den Wunsch nach aktiver Sterbehilfe äußern. Und genau genommen ist die aktive Sterbehilfe gar kein Ausweg. Hier trügt der schöne Schein...

Eine Studie der Universität Rotterdam über aktive Sterbehilfe in den Niederlanden kommt hinsichtlich eines schnellen und problemlosen Todes durch Euthanasie zu ganz gegenteiligen Ergebnissen: „Wenn ein Arzt Sterbehilfe leistet, bedeutet dies nicht unbedingt ein schnelles oder leichtes Ende für den Kranken." In den untersuchten Fällen zur ärztlichen Beihilfe zur Selbsttötung gab es bei 23 Prozent Komplikationen (Krämpfe, Erbrechen, langer Todeskampf), in 18 Prozent war nochmaliges aktives Nachhelfen nötig. Und in 10 Prozent direkter Sterbehilfe durch den Arzt gab es Komplikationen bzw. keinen oder einen verzögerten Todeseintritt.

Die Gefahr, dass aktive Sterbehilfe auf einer eklatanten Fehleinschätzung beruht, ist keineswegs auszuschließen. Demzufolge ist Missbrauch jedweder Art Tür und Tor geöffnet. Die einmal getroffene Entscheidung ist unumkehrbar! Dem Betroffenen wird die Chance genommen, eine mögliche Besserung seines Zustandes, seiner Lebensqualität oder der Linderung seiner Schmerzen zu erfahren und somit seine Meinung zu ändern.

Ziel ärztlichen Handelns kann nicht die aktive Beendigung von Leben sein. Ein Arzt muss sich jeder Krankheitssituation stellen, mit entsprechenden Therapien reagieren – und sei es am Ende der Erhalt von Lebensqualität ohne Heilungsaussicht. Ein Sterbender darf für den Arzt keine Niederlage, sondern muss im positiven Sinne eine Herausforderung darstellen. Wo diese Sicht gilt, können Ärzte auch keine aktive Sterbehilfe leisten.

Der Hausarzt muss die Schmerztherapie und Symptomkontrolle beherrschen, ebenso wie das Krankenpflegepersonal von Pflegediensten und Sozialstationen die Grundprinzipien der Palliativpflege anwenden müssen.

Doch gerade darin liegt das entscheidende Problem: Anerkannte Untersuchungen stellen fest, dass in Deutschland kaum ein praktizierender Arzt während seines Studiums von den Grundprinzipien der Palliativmedizin, der Schmerztherapie, Symptomkontrolle, der Kommunikation mit

Schwerstkranken und Sterbenden gehört hat. Statistisch gesehen versorgt jedoch jeder Hausarzt ein bis zwei Tumorpatienten pro Jahr. Daraus folgt, dass grundsätzlich nur wenig Erfahrung in der Schmerztherapie und Symptomkontrolle vorliegen. Diese grundsätzliche Einschränkung der Qualifizierung betreffen in gleicher Weise auch das Krankenpflegepersonal von Pflegediensten und Sozialstationen.

Es besteht daher ein enormer Bedarf an Aus- und Weiterbildungen in Schmerztherapie, Symptomkontrolle, speziellen Verbands- und Lagerungstechniken, Gesprächsführung mit Schwerkranken und Sterbenden sowie bei der Anleitung und Hilfe für Angehörige. Da all das mit nicht unerheblichen Kosten bei Aus- und Weiterbildung sowie dem politischen Wollen im Gesundheitssystem verbunden ist, scheinen die dafür Verantwortlichen nach der einfachen Lösung zu suchen.

Es darf nicht zugelassen werden, dass die Solidarität mit den Schwerstkranken und Sterbenden in Europa durch die Politiker aufgegeben wird! Dieses Ziel verfolgt jedoch die Initiative des Schweizers *Dick Marty*, dessen Entwurf einer Entschließung zur Legalisierung aktiver Sterbehilfe am heutigen Tag (21.11.2003) im Ausschuss für Sozialordnung, Gesundheit und Familie der Parlamentarischen Versammlung des Europarates beschlossen werden soll.

Das drohende Szenario einer europaweiten Legalisierung der aktiven Sterbehilfe ist schrecklich: Jedes Jahr würden allein EU-weit 100.000 Menschen getötet. Legt man die Missbrauchszahlen der Niederlande zugrunde, würden jährlich 24.000 Menschen ungefragt getötet. Die Zulassung der aktiven Sterbehilfe erhöht eindeutig die Gefahr eines „Dammbruchs“, der zwangsläufig weitere Fehlentwicklungen nach sich zieht. Stichworte sind Abtreibung, Gen-Technik und Bio-Ethik. Der Gesetzgeber würde mithin legitimieren, dass Menschen über Leben und Tod entscheiden.

Materielle Interessen von möglichen Erben können Entscheidungen ebenso beeinflussen, wie die Belegungssituation eines Krankenhauses – gewollt oder ungewollt. Auch eine Legalisierung ausschließlich bei einwilligungsfähigen, sich bewusst entscheidenden Menschen bedeutet nicht, dass solche Einflüsse ohne Wirkung bleiben. Die ethische Grundsatzentscheidung, dass in einer Gesellschaft die Tötung von Menschen zugelassen wird, führt geradewegs in vorzivilisatorische Zeiten.

Die weltweiten guten Erfahrungen und auch diejenigen in Deutschland zeigen den dringenden Handlungsbedarf, die Palliativmedizin und die Hospizpflege in unser bestehendes Gesundheitssystem zu integrieren. Es ist nicht das Ziel der Palliativmedizin, alle diese Patienten auf Palliativstationen zu betreuen, sondern ihnen die Möglichkeit zu erschließen, dort zu sterben, wo sie gelebt haben, nämlich zu Hause. Die Voraussetzungen dafür sind in der Lausitz besser als anderswo im Lande. Der integrative Hospizgedanke von ambulanten und stationären Versorgungsstrukturen greift seit Mitte des Jahres mit dem Abschluss von Zusatzvereinbarungen vorerst mit der AOK, als Vorreiter in der Sache, der Techniker Krankenkasse, der Bundesknappschaft sowie der IKK. Der Landesverband Berlin-Brandenburg der Betriebskrankenkassen wird folgen. Bislang weigern sich die BARMER, die DAK und die KKH derartige Zusatzvereinbarungen abzuschließen, obwohl sich der vdak (Verband der Angestellten Krankenkassen) und das MASGF des Landes Brandenburg vehement dafür eingesetzt haben. Es ist bedauerlich, dass die Leitungsgremien dieser Kassen die Problemlage offensichtlich nicht begriffen haben, sodass ihre Versicherten über ein deutschlandweit beispielhaftes Modell zunächst ambulant nicht hinreichend palliativpflegerisch versorgt werden können.

Alle meine beruflichen Erfahrungen bestätigen mir, dass die grundsätzliche Verbesserung der Situation Schwerstkranker und Sterbender substantiell verbessert werden muss! Dann, so bin ich überzeugt, verstummen auch in der Gesellschaft die Forderungen nach aktiver Sterbehilfe – in welchem sich wandelnden Gewand sie auch immer auftreten mögen. Meine humanistischen und ethischen Grundsätze kennen keine Sterbehilfe!

6. Diskussion

Prof. Lothar Knopp (BTU): Eine ganz wichtige Aussage Ihres Vortrags ist die, dass der Ruf nach aktiver Sterbehilfe aus der Bevölkerung häufig bedingt ist durch die schlechte medizinische Betreuung. Der zweite Aspekt, den Sie herausgearbeitet haben, ist die Ausbildung der Ärzte, die, wenn sie Medizin studieren, über Intensivmedizin, Palliativmedizin aber so gut wie gar nichts beigebracht bekommen und später, wenn sie dann mit der Thematik in Kliniken und Krankenhäusern konfrontiert werden, häufig den Dingen sehr hilflos gegenüberstehen. Das ist - auch unter ökonomischen Aspekten - ein sehr wichtiger Punkt. Die Palliativmedizin sollte nicht nur in der Ausbildung, sondern gerade auch im Hospizwesen, wo Sie sich hier ja in Cottbus ganz besonders verdient gemacht haben, entsprechend gestärkt werden. Es ist im Prinzip ein Teufelskreislauf. Aufgrund wirtschaftspolitischer Entscheidungen und aufgrund anderer Prioritätensetzung – ich kann es nicht für Brandenburg sagen, da sind Sie mit Sicherheit kompetenter, aber aus anderen Bundesländern, die ich kenne – sind die Leistungen in diesem Bereich rigide nach unten gefahren worden. In der Tat, Menschen, die sich nicht gut betreut fühlen, die von den Angehörigen - das haben Sie auch zu Recht hervorgehoben - häufig als lästig empfunden werden, sagen, da bin ich lieber tot, als dass ich diese Last weiter mit mir herum trage.

Fred Zipperling (Richter am Amtgericht Königswusterhausen): Frau Wallenburg, Sie haben mich zweimal zum Schaudern gebracht. Das erste Mal, als Sie über die erhebliche Fehlerquote bei dem Versuch der aktiven Sterbehilfe berichtet haben. Es ist mir als Nicht-Mediziner unbegreiflich, dass ein Arzt, der vielleicht nicht als Palliativmediziner ausgebildet ist, aber doch ein Medizinstudium hinter sich hat, nicht Medikamente oder bestimmte Mittel so dosieren kann, dass der in dem Moment gewollte Erfolg eintritt. Das finde ich erschreckend, weil sich dann für mich als medizinischen Laien die Frage aufdrängt, ob er wohl in der Lage wäre, vorher Leiden zu lindern, wenn er das andere auch nicht kann. Das zweite Mal bin ich zusammengezuckt, als Sie sagten, dass den betroffenen Personen durch die Angehörigen, durch die Umwelt, unterschwellig Druck gemacht wird, dass sie lästig sind, dass sie lästig fallen. Das habe ich hoffentlich falsch verstanden. Ich dachte da an die vielen Leute, die in Pflege- und Seniorenheimen oder auch in Krankenhäusern arbeiten, hoch engagiert sind, und vor deren Arbeit ich auch Hochachtung habe; die würden ja alle mit in dem Töpfchen liegen. Ich hoffe, ich habe mich einfach verhört.

Dipl. med. paed. Annette Wallenburg: Ich glaube nicht, dass Sie sich verhört haben. Es besteht tatsächlich eine Vorwurfshaltung der Angehörigen und der Gesellschaft gegenüber Pflegebedürftigen. Wir müssen aufpassen, dass durch die Legalisierung von solchen Dingen wie der aktiven Sterbehilfe diese Vorwurfshaltung nicht konkrete Formen annimmt und nicht einfach gesagt wird: „Was willst du eigentlich noch hier? Du kannst eine Spritze bekommen, du kannst ein Medikament bekommen. Nun tu es doch endlich!“ Wer schon einmal in der Familie einen Schwerstkranken über längere Zeit - ich spreche nicht von vierzehn Tagen, drei Wochen, sondern von Jahren - versorgt hat, weiß, dass es Phasen gibt, in denen Zweifel auf- und Aggressionsverhalten vorkommen, in denen Beziehungen, die vorher sehr liebevoll waren, umschlagen können, sich z. B. auch Ehepartner schlagen oder Väter und Mütter geschlagen oder erwachsene Kinder von pflegenden Eltern geschlagen werden, Straftaten geschehen. Ich frage mich, wie kann das passieren? Wir lassen diese Menschen alleine. Wenn für solche Patienten eine aktive Sterbehilfe möglich wäre, liegt doch der kleine Schritt gar nicht weit, zu sagen: „Warum tust du es nicht einfach? Erkläre dich doch bereit, dann haben wir es alle ausgestanden.“

Fred Zipperling (Richter am Amtgericht Königswusterhausen): Ich muss Ihnen sowohl aus beruflichen als auch aus privaten Gründen widersprechen. Mein Vater ist vor mittlerweile siebzehn Jahren an Krebs gestorben. Er hat lange Zeit zu Hause bei meiner Mutter und mir gelegen. Reden wie „Nun scher dich endlich weg!“ sind dabei nicht aufgekommen. Auch bei der Masse der Betroffenen, die durch Angehörige betreut werden, ist derlei nicht festzustellen. Ich will nicht sagen, dass es so etwas nicht gibt, aber in dieser Absolutheit, wie Sie es sagen, vermag ich mich nicht anzuschließen. Vielleicht haben Sie aber auch einen anderen Überblick.

Dipl. med. paed. Annette Wallenburg: Wir betreuen seit fast zehn Jahren ausschließlich Patienten mit diesen Problemen. Ich kann Ihnen glaubhaft versichern, dass solche Gedanken durchaus vorhanden sind. Im Rahmen der Hospizbetreuung merken wir aber ganz eindeutig, je besser die Patienten sich umsorgt fühlen, um so weniger kommen derlei Gedanken überhaupt zum Tragen, weder bei dem Betroffenen noch bei den Angehörigen. Und wir haben nahezu kein Verlangen nach aktiver Sterbehilfe bei Patienten, die sich umsorgt fühlen. Wir haben das Glück, dass wir in Cottbus so ein Netz aufgebaut haben mit Hilfe der ambulanten Schwerpunktpraxis und zahlreichen onkologisch tätigen Ärzten, dass die Patienten eigentlich vor dem ersten größeren Problem – sprich, schon während der aktiven Therapie – durch uns betreut werden und wir Patienten auch sehr häufig über Jahre wieder entlassen und keinen Kontakt zu ihnen haben, vielleicht nur über Selbsthilfegruppen und sie sehr häufig erst wieder treffen, wenn es ihnen schlechter geht und wenn sie in die Terminalphase kommen. Dann kommt die Frage nach aktiver Sterbehilfe in keinem Fall. Das ist für mich auch die Rechtfertigung meiner sehr harten Meinung, nämlich dass ich sage, aktive Sterbehilfe ist nicht notwendig, wenn die Menschen liebevoll umsorgt und sie medizinisch ausreichend versorgt werden.

Prof. Lothar Knopp (BTU): Um diesen Absolutheitsgedanken etwas zu relativieren, könnte man es vielleicht so formulieren: Jeder Patient, der betreut wird, der Betreuung erfährt, kann betroffen sein. Es gibt Erkrankungen – dazu zählen vielleicht nicht einmal so sehr Krebs, aber z. B. HIV –, die führen heute noch, da gibt es wirklich seriöse Erhebungen, regelmäßig zur Ausgrenzung aus der Gesellschaft.

Dr. Helga Scharkoff: Es ist richtig, dass eine gute palliativmedizinische Versorgung und gute Pflege sowie psychische Begleitung den Wunsch nach aktiver Sterbehilfe sehr reduziert. Ob es nicht dennoch Fälle gibt, in denen der Wunsch nach aktiver Sterbehilfe aufrecht erhalten bleibt, wage ich als Medizinerin, die selbst dreiunddreißig Jahre viele Krebskranke und schwerste Schicksale versorgt hat, nicht zu entscheiden. Dennoch, die Versorgungsstrukturen müssen verbessert werden, wobei ich aber genau dieselbe Skepsis habe wie Prof. Knopp, nämlich ob wir dazu noch finanziell in der Lage sind.

Schwester Gebhardis (Carl-Thiem-Klinikum Cottbus): Ich bin hier im Klinikum in der Seelsorge und schwerpunktmäßig auch in der ambulanten Hospiztätigkeit tätig. Weil es wirklich vielschichtig ist, muss es dem breiten Publikum präsent sein, dass auch durch Nachbarschaftshilfe und Ehrenamtlichkeit Unterstützung möglich ist. Es kann schon hilfreich sein, wenn der Ehemann alleine zu Hause ist, dass er einmal ein Essen vom Nachbarn nach Hause gebracht bekommt oder man einfach einmal fragt, wie es ihm geht. Dass solche Sachen in der Öffentlichkeit präsent werden, dafür ist der heutige Tag ganz wichtig.

Prof. Wolfgang Schluchter (BTU): Sie haben einen ganz wichtigen Aspekt in diese Debatte eingebracht, nämlich die Öffentlichkeit. Ich denke, diese krasse Konkurrenz, die geschildert worden ist, zwischen der Palliativmedizin und „dem Rest der Welt“, der dann einfach den Stecker rauszieht, so nicht funktioniert.

Dipl. med. paed. Annette Wallenburg: Ich kann, wenn ich Missstände aufzeige, nichts beschönigen. Es kann keine Alternative sein, wenn ich überfordert bin und wenn ich gesellschaftliche Defizite habe, dass ich nach der weichesten Seite ausweiche und mir tage-, wochen- und jahrelang Gedanken mache, ob ich aktive Sterbehilfe legalisiere. In dieser Zeit hätte ich eigentlich schon Strukturen schaffen können, um dieses Problem weitestgehend aus der Welt zu schaffen. Wenn ich überlege, dass die Hospize unter 1 Prozent der Kassenausgaben in der Bundesrepublik Deutschland liegen – das sind noch nicht einmal die Schnupfenmittel, die verordnet werden – macht mich das sehr traurig. 1 – 3 Prozent machen Mittel für die Infekte der oberen Luftwege aus, die ich mir durchaus allein kaufen kann. Das ist für mich kein Kostenfaktor, sondern es ist einfach eine Vernachlässigung auf einem Gebiet, was wir uns eigentlich als zivilisiertes Land nicht leisten können. So sollte es auch verstanden werden, deshalb die relativ harten Worte. Es nützt ja nicht, dass wir mit Samtpfötchen durch dieses Thema gehen.

Prof. Wolfgang Schluchter (BTU): Ich danke Ihnen für die Korrektur meines Eindrucks, denn gerade unter dem Aspekt der Öffentlichkeit, auch der öffentlichen Diskussion - und diese Veranstaltung soll gerade auch ein Teil der öffentlichen Diskussion sein - soll ja dazu führen, dass dieses Selbstbewusstsein, diese Selbstentscheidung rationaler und auch kontrollierter verstanden werden soll. Dass eben die Willkür, die Sie unterstellen, und die ich auch in bestimmten Fällen befürchte, dass es so kommt, dass man sich einfach irgendwelcher Menschen entledigt, weil es schwierig ist oder weil man verschiedene Interessen hat. Jetzt sagen natürlich alle Leute immer: Wir müssen wieder irgendwo auf ein Gebiet kommen, wo Solidarität oder Mitmenschlichkeit oder solche Dinge, z. B. also die Vereinsamkeit und Individualisierung der Menschen wieder relativiert oder verringert werden. Das ist das eigentliche Tagesgespräch, nur, wir sind in einer Gesellschaft, wo die Individualisierung eben sehr voranschreitet, sowohl in Bereichen wie Stadtplanung oder Architektur oder auch im Gesundheitswesen, überall schreitet diese voran und ich denke, dass die Gesellschaft so auf Dauer natürlich nicht positiv existieren kann. Der Punkt ist der, wo fängt man die Debatte an? Hier sehe ich schon ein paar Ansatzmöglichkeiten. Heute, in der Politik und sonst wo. Da müssen natürlich Impulse kommen, so dass eine breite Debatte entsteht und dazu sind dann z. B. solche Ereignisse wie in den Niederlanden schon gut geeignet. Man setzt sich damit auseinander, wenn auch strittig und vielleicht nicht so qualifiziert, wie es etwa Personal, das in diesem Bereich tätig ist, tun kann. Ich finde die Diskussion in der Öffentlichkeit absolut wichtig. Es kann nicht anders funktionieren, weil auch dieser Weg des Sterbens, also die Phase zwischen

Leben und Tod, dann kein individueller Weg, sondern ein gesellschaftlicher Weg ist. So muss man das auch begreifen. Wir haben in einem vorherigen Beitrag gehört, wie es beispielsweise in anderen Kulturen zugeht. Bei den Indianern oder bei den Eskimos usw. Nicht, dass ich das besser finde, ich denke nur, es waren wichtige Hinweise, dass nichts so sein muss, wie es ist, es kann auch anders sein.

Dr. Helga Scharkoff: Prof. Schluchter, Sie haben sehr treffend angesprochen, was man in der Breite heute gar nicht alles diskutieren kann, nämlich die Bedingungen. Unsere Wohnungssituation, insbesondere mit den zum Teil kaninchenstallartigen Wohnungen hier in den neuen Ländern, die Beschäftigungssituation, der Alltag, all das, was natürlich auch mitbewirkt, dass vielleicht Schwerstkranke lästig werden oder schwer betreubar sind. Ich glaube, dass es ganz wichtig ist, dass in der Öffentlichkeit die Nachbarschaftshilfe und die Möglichkeiten, die die Gesellschaft auch heute noch hat, besser transformiert und diskutiert wird. Auch das ist eine Erfahrung aus meiner langen medizinischen Tätigkeit, dass solche Strukturen auf den Dörfern gut vorhanden sind und wirken, aber in den Großstädten nicht. Ich muss jetzt auch noch ein Wort zu Frau Wallenburg sagen. Wenn sie hier manchmal den Eindruck erweckt hat, dass sie überzeichnet, dann ist das sicher ihrem riesigen Engagement zu schulden. Dass wir in Cottbus überhaupt eine solche Versorgung für Notfälle durch das Hospiz haben, ist im Wesentlichen ihrem Engagement zu verdanken. Ich muss sagen, dass ich ganz früh, Gott sei Dank, die Gelegenheit hatte, die Schaffung des Stadthospizes Cottbus zu unterstützen und auch eine gewisse Zeit lang dem Förderverein vorgesessen habe. Wir haben 170 Mitglieder, die heute noch in diesem Förderverein nicht nur Nachbarschaftshilfe geben, sondern auch mit einem Beitrag wirken, denn das Hospiz trägt sich nicht allein. Es kann mit öffentlichen Geldern allein nicht gehalten werden. Es wäre schon wünschenswert, dass es nicht nur in Cottbus besser wird, sondern auch in anderen Teilen Deutschlands. Aus diesem Engagement möge man Frau Wallenburg nachsehen, dass sie manchmal vielleicht aus ihrer Sicht die Dinge sehr kritisch angesprochen hat. Ich bin ihr sehr dankbar, dass sie diese Leistung hier in Cottbus bewirkt und nun auch noch einen ambulanten Betreuungsversuch durchgesetzt hat.

Dr. Josef Horntrich (Obermedizinalrat, Ärztlicher Direktor des Carl-Thiem-Klinikums Cottbus a.D.): Ich denke, Frau Wallenburg, Sie werden in Zukunft noch viel mehr beansprucht werden. Es gibt ein neues Abrechnungssystem in den Krankenhäusern. Da sind festumrissene Krankheitsbilder. Meines Wissens gehört die Terminalpflege nicht dazu. Wenn bisher Krankenhäuser solche Patienten immer noch aufgenommen haben – zu meiner Zeit war es so, dass, wo wir konnten, so weit wir konnten, das getan haben – so wird das in Zukunft immer schwieriger für die Häuser werden und Sie werden viele Patienten „angeboten bekommen“. Ich denke, das Hospiz wird nicht ausreichen.

Dipl. med. paed. Annette Wallenburg: Nicht jeder, dem es schlecht geht und der sich auf sein Sterben vorbereitet, sollte im Hospiz aufgenommen werden. Wir sind zunehmend nur noch bereit, das Hospiz als äußersten Ausnahmefall anzubieten. Wir finden es viel besser, wenn wir die Menschen zu Hause begleiten können und ich mit hochkompetenten Schwestern dort die häusliche Pflege absichern kann und wir andere Pflegedienste befähigen, das gleiche in anderen Städten zu tun. Unser Wirkungskreis umfasst jetzt etwa zwanzig Kilometer um Cottbus herum. Wir sind derzeit sieben Schwestern, die im ambulanten Dienst pflegen. Zweiundzwanzig Mitarbeiter sind es im Hospiz. Wir sind bestrebt, andere Pflegedienste zu befähigen, diese „Rund um die Uhr-Pflege“ in der Häuslichkeit zu absolvieren. Es kann nicht sein, dass wenn jemand stirbt, nur das Hospiz als Alternative angeboten wird, sondern auch die „Kaninchenställe“, wie sie hier genannt wurden, sind geeignet, Sterbende zu begleiten. Es ist nicht die räumliche Situation, die uns in eine Lage versetzt, in der wir sagen müssen, hier kann nicht gepflegt werden, sondern es sind fast immer die menschlichen Verhältnisse. Es muss jemand mit da sein, der uns unterstützt, der beisteht. Man kann in einem Schloss auch sehr, sehr einsam sein...

Dipl.- Ing. Eleni Vasileiadou (BTU): Ich finde es sehr wichtig, dass Hospize gefördert werden und sich weiterhin beständig entwickeln. Ich finde aber auch, dass trotzdem noch die Möglichkeit einer Sterbehilfe bestehen sollte. Im Moment wird es so dargestellt, als ob es sich um Mord handelt, und es ist nicht unbedingt Mord. Mit der Medizin wird das Leben auch verlängert. Wie soll man über Leben und Tod entscheiden, mit welchen Kriterien? Wie soll man entscheiden, dass der Mensch weiterleben muss, mit Gewalt? Die Grenzen sind schwer zu definieren. Deshalb muss auch die Möglichkeit bestehen, zu entscheiden, ob man ins Krankenhaus will oder nicht, ob man an eine Maschine will oder nicht.

Richard Radloff (Richter am Amtsgericht Fürstenwalde): Man ist oft nicht bereit, für sich selber etwas zu bezahlen, obwohl die Gelder in der Regel vorhanden sind. In welcher Höhe müssen sich die Leute bei Ihnen im Hospiz mit einem Eigenanteil beteiligen?

Dipl. med. paed. Annette Wallenburg: Das Land Brandenburg hat derzeit eine Finanzierung für die Hospize. Die Patienten müssen seit Oktober 2003 keinen Eigenanteil mehr zahlen. Bis dahin waren es 9,11 Euro, das waren die Investivkosten. Es besteht lediglich eine Finanzierungslücke von 10 Prozent, das sind für unsere fünfzehn Hospizbetten ca. 7.000 Euro im Monat, die durch Spenden und durch Eigenleistungen, ehrenamtliche Arbeit usw. zu erbringen sind, d.h. es ist also überhaupt kein finanzieller Aufwand für den Betroffenen, in ein stationäres Hospiz im Land Brandenburg zu gehen. Bundesweit ist es so, dass maximal 50 Euro pro Tag zu zahlen sind. Schlecht geht es den Hospizen, die schlechte Auslastungszahlen haben, da wir vorgehaltene Betten nicht bezahlt bekommen, d.h. wenn ich von fünfzig Betten nur sieben belegt habe, kann ich natürlich mit zweiundzwanzig Personen Personal nicht existieren. Ich muss Qualität vorhalten, ich muss Menschlichkeit vorhalten, ich muss mich kümmern. Es ist in einem gut geführten Hospiz überhaupt kein Problem, eine Auslastung zwischen 86 und 90 Prozent zu erreichen. Wir haben zum Teil sogar 100 Prozent, obwohl wir uns nach dem Sterben eines Patienten sog. Ruhetage leisten, d. h. wir belegen das Bett nicht gleich wieder neu. Es hängt immer davon ab, wie dramatisch es war und wie lange der Patient bei uns war. Dann kann es passieren, dass wir dann nur 80 oder 85 Prozent Auslastung haben. Aber in der Regel sind wir sehr, sehr gut belegt und haben darüber hinaus auch keine Wartezeiten. Wenn die Klinik anruft, können wir in ein bis drei Tagen ein Bett anbieten, weil wir zwischendurch auch entlassen. Wir helfen unseren Patienten über Krisenzeiten, Schmerzeinstellung, die Ernährungstherapie wieder auf die Beine. Es werden Gespräche geführt und sobald ein Streifen am Horizont ist, dass er sich besser fühlt und sagt, so jetzt kann ich wieder, meine Frau hat ausgeschlafen oder meinem Mann geht es wieder besser, jetzt gehe ich wieder nach Hause, jetzt halte ich das zu Hause wieder eine Weile aus, wird er entlassen. Diese Dynamik im Hospiz versetzt uns in die Lage, dass wir eigentlich wöchentlich Betten anbieten können und noch keine Notsituation hier in Cottbus und Umgebung haben. Wir haben ein Einzugsgebiet, das in etwa dem ehemaligen Bezirk Cottbus entspricht, also das gesamte Südbrandenburg. Die Schlüsselzahl für stationäre Hospizbetten ist etwa so, dass man sagen kann, fünfzehn Hospizbetten für 1 bis 1,2 Millionen Einwohner, so dass wir derzeit gut in Südbrandenburg ausgestattet sind. Wenn dann gesagt wird, ich habe kein Bett bekommen, ich habe meine Mutter angemeldet und die ist am gleichen Tag abends verstorben, dann muss ich sagen, war das auch keine Hospizpatientin. Unser Auftrag ist es, Lebensqualität zu verbessern, Lebensqualität wieder herzustellen und zu begleiten. Einen Menschen, der schon in der Sterbephase ist, den fahre ich nicht mehr durch die Stadt in eine andere Lokalität. Da muss ich dann schnell dafür sorgen, dass er in der Häuslichkeit betreut wird, kurzfristig und umfassend.

Sterbehilfe aus Sicht der Katholischen Kirche

Herbert Pollack

Ein paar Tage, nachdem ich das Faltblatt für dieses Symposium erhalten hatte, bekam ich eine Handreichung der Deutschen Bischofskonferenz in die Hand, die als Gemeinsame Texte Nr. 17 zusammen mit dem Kirchenamt der Evangelischen Kirche in Deutschland herausgegeben wurde, unter dem Thema: „Sterbebegleitung statt aktiver Sterbehilfe" – eine Textsammlung kirchlicher Erklärungen[1].

Dieses Thema aus katholischer Sicht zu behandeln, ist relativ einfach, weil es den Katechismus der Katholischen Kirche gibt, in dem wir unter dem Stichwort *Euthanasie* 3 Abschnitte finden, die ich zunächst zitieren möchte.

Katechismus der Katholischen Kirche (München 1993 (1997) Ziffern 2277-2279):

> *„Die direkte Euthanasie besteht darin, dass man, aus welchen Gründen und mit welchen Mitteln auch immer, dem Leben behinderter, kranker oder sterbender Menschen ein Ende setzt. Sie ist sittlich unannehmbar. Eine Handlung oder eine Unterlassung, die von sich aus oder der Absicht nach den Tod herbeiführt, um dem Schmerz ein Ende zu machen, ist ein Mord, ein schweres Vergehen gegen die Menschenwürde und gegen die Achtung, die man dem lebendigen Gott, dem Schöpfer, schuldet. Das Fehlurteil, dem man gutgläubig zum Opfer fallen kann, ändert die Natur dieser mörderischen Tat nicht, die stets zu verbieten und auszuschließen ist.*
>
> *Die Moral verlangt keine Therapie um jeden Preis. Außerordentliche oder zum erhofften Ergebnis in keinem Verhältnis stehende aufwendige und gefährliche medizinische Verfahren einzustellen, kann berechtigt sein. Man will dadurch den Tod nicht herbeiführen, sondern nimmt nur hin, ihn nicht verhindern zu können. Die Entscheidungen sind vom Patienten selbst zu treffen, falls er dazu fähig und im Stande ist, anderenfalls von den gesetzlich*

1 Anm. der Redaktion: Mit Stand 10.05.2004 im Internet abrufbar unter: http://dbk.de/schriften/fs_schriften.html.

> *Bevollmächtigten, wobei stets der vernünftige Wille und die berechtigten Interessen des Patienten zu achten sind.*
> *Selbst wenn voraussichtlich der Tod unmittelbar bevorsteht, darf die Pflege, die man für gewöhnlich einem kranken Menschen schuldet, nicht abgebrochen werden. Schmerzlindernde Mittel zu verwenden, um die Leiden des Sterbenden zu erleichtern selbst auf die Gefahr hin, sein Leben abzukürzen, kann sittlich der Menschenwürde entsprechen, falls der Tod weder als Ziel noch als Mittel gewollt, sondern bloß als unvermeidbar vorausgesehen und in Kauf genommen wird. Die Betreuung des Sterbenden ist eine vorbildliche Form selbstloser Nächstenliebe; sie soll aus diesem Grund gefördert werden."*

Damit wäre eigentlich alles gesagt über die Stellungnahme der Katholischen Kirche zum Thema Sterbehilfe.

Sie kennen vielleicht den klassischen Satz: *Roma locuta – causa finita* (Rom hat gesprochen, die Sache ist beendet). Damit ist die Einheit im Lehramt der Katholischen Kirche gemeint, die man so in der Evangelischen Kirche nicht findet, weshalb man das Thema auch nicht aus Sicht der Evangelischen Kirche behandeln könnte. Nun aber gibt es in der oben erwähnten Schrift Hinweise auf gemeinsame Standpunkte der Kirchen in Deutschland und über die würde ich gern etwas aus der vorliegenden Schrift zitieren – gleichsam als Ergänzung zur Kurzform des Katholischen Katechismus.

Karl Kardinal Lehmann, Vorsitzender der Deutschen Bischofskonferenz und Präses *Manfred Kock*, damals Vorsitzender des Rates der Evangelischen Kirche in Deutschland, haben zu der Textsammlung aus vorausgegangenen Erklärungen der Evangelischen und Katholischen Kirche eine gemeinsame Einführung geschrieben, die deutlich macht, warum gerade im Januar 2003 diese Textsammlung herausgegeben wurde. Sie schreiben:

> *„Mit unserer Textsammlung wollen wir an die vielen guten Gründe erinnern, die für Sterbebegleitung, aber gegen aktive Sterbehilfe sprechen. Der Abdruck früherer kirchlicher Erklärungen macht deutlich, wie beharrlich die Kirchen diese Grundsätze öffentlich zur Geltung gebracht haben. Daran wollen wir erinnern. Aktive Sterbehilfe ist und bleibt eine ethisch nicht vertretbare, gezielte Tötung eines Menschen in seiner letzten Lebensphase, auch wenn sie auf seinen ausdrücklichen, verzweifelten Wunsch hin erfolgt. Wir wissen, wohin es führen kann, wenn Menschen von Dritten für nicht mehr lebenswert erklärt werden, statt in ihrer Schwäche,*

Krankheit oder Behinderung als Menschen akzeptiert und nach ihren Bedürfnissen umsorgt zu werden.

Die derzeitige Diskussion um die aktive Sterbehilfe ist in Deutschland beeinflusst durch die Erfahrungen der Vergangenheit (Gesetzgebung und mörderische Praxis der Nazizeit), die uns sensibel machen gegen jede Form von Ausgrenzung, Aussortierung und Vernichtung anhand scheinbar objektivierbarer Kriterien. Wir wenden uns gegen alle Aussagen, die das Leben von Menschen als "nicht mehr lohnend" oder "nicht mehr lebenswert" abqualifizieren. Wir verweisen demgegenüber auf die Kostbarkeit jedes einzelnen Menschen und die unabdingbare Würde jeder einzelnen Person.

In zwei unserer Nachbarländer gibt es bereits Ergebnisse der Diskussion um das Für und Wider einer aktiven Sterbehilfe. Die Legalisierung aktiver Sterbehilfe in den Niederlanden und in Belgien gibt Anlass zu ernster Besorgnis. In den nordeuropäischen Ländern wird die Grenze zwischen aktiver und passiver Sterbehilfe dadurch aufgeweicht, dass eine neue Form von Euthanasie diskutiert wird. Durch sog. "terminale Sedierung" versetzt der Arzt den Sterbenden in Schlaf und bricht dann alle medizinischen Behandlungen ab, bis der Tod eintritt.

Zu der Situation in unseren Nachbarländern und der dort geführten Diskussion gesellt sich das Nachdenken über unser eigenes Gesundheitssystem. Die medizinische Behandlung ist ein hoher Kostenfaktor gerade bei älter werdenden Menschen. Hinzu kommt die demographische Entwicklung in unserem Land, die uns absehen lässt, dass die Zahl alter, vielfach auch schwer kranker oder schwerstpflegebedürftiger Menschen künftig zunehmen wird. Es wäre verhängnisvoll, wenn im Blick auf solche Probleme die Zustimmung zur aktiven Sterbehilfe zunähme.

Statt dessen plädieren wir für eine Stärkung der Alternativen.

Wir stehen mit dieser Ansicht nicht allein. Das Urteil des Europäischen Gerichtshofes für Menschenrechte zum Fall Diane Pretty vom 25. April 2002 hat verdeutlicht, dass die Europäische Konvention für Menschenrechte die Verpflichtung für die Staaten enthält, das Leben seiner Bürgerinnen und Bürger in bedrohlichen Situationen zu schützen, gerade wenn sie schwach und verletzlich sind.

Das biblisch-christliche Verständnis vom Menschen beinhaltet vor allem, dass jeder und jede eine Würde besitzt, die in der Gottebenbildlichkeit des Menschen gründet, unabhängig von Vorleistungen oder Kriterien. Diese Würde muss man sich weder erwer-

ben, noch kann sie verloren gehen oder von Dritten abgesprochen werden.

Um das Menschenwürde-Argument zu entkräften, wird bisweilen der Versuch unternommen, schwerstpflegebedürftigen Menschen nur noch ein "biologisches" Leben zuzusprechen. Man spricht vom sog. Dahinvegetieren. Der Verlust von Selbstbestimmung und das totale Angewiesen-Sein auf andere wird als unwürdig angesehen, so dass man einem solchen Zustand ein vorzeitiges Ende bereiten möchte. Doch dies ist eine inakzeptable Schlussfolgerung. Die Devise heißt vielmehr: so viel medizinische, schmerztherapeutische, menschliche und seelsorgliche Zuwendung wie möglich. Wir plädieren durchaus für selbstbestimmte Vorsorge der Patienten. Wir wissen aber auch um Maß und Grenzen solcher Selbstbestimmung. Oft wird ein Tötungswunsch schwerstkranker und sterbender Menschen aus der Verzweiflung geboren.

Wo wir die Tötung eines Menschen als "Lösung" der zugegebenermaßen schwierigen Situationen von Krankheit und Sterben akzeptieren, ist dies eine Bankrotterklärung an die Menschlichkeit. Wir würden zulassen, dass Tod und Aussichtslosigkeit die Oberhand gewinnen.

Menschlichem Leid (Schmerzen, Einsamkeit und Verzweiflung) dürfen wir nicht durch Tötung, sondern müssen ihm durch menschliche Zuwendung und Fürsorge begegnen. Wir wollen Leiden lindern und uns nicht der Leidenden entledigen.

Wir wissen uns einig mit den Ärzten und Ärztinnen in unserem Land. Sie tragen einen großen Teil der Verantwortung für Kranke und Sterbende. Wie die Bundesärztekammer, so lehnt auch der Vorstand des Weltärztebundes die Legalisierung aktiver Sterbehilfe nach niederländischem oder belgischem Vorbild ab, weil sie wesentlichen ethischen Prinzipien der medizinischen Praxis entgegensteht.

Die vorliegende Textsammlung enthält bisherige Aussagen der Katholischen Kirche und der Evangelischen Kirche in Deutschland zum Problem der aktiven Sterbehilfe. Die Zusammenstellung der Texte unterschiedlichen Genres und unterschiedlicher Autorenschaft aus den letzten beiden Jahrzehnten dient der Orientierung. Aus ihnen wird deutlich, dass auf der Basis des christlichen Menschenbildes aktive Sterbehilfe auch in Zukunft deutlich abzulehnen ist. Es geht um mehr als um pragmatische Lösungen. Die Auseinandersetzung jedes Einzelnen mit seinem Sterben und dem Sterben anderer zeigen wie die Diskussionen in Gesellschaft und Politik, dass es bei der aktiven Sterbehilfe um ein gleichermaßen urmenschliches wie modernes Problem geht, dem sich jede Generation neu stellen muss.

Die Sorge der Kirchen gilt seit jeher gerade auch den Menschen in den schwächsten Phasen ihres Lebens. Sie unterstützen deshalb eine menschenwürdige Behandlung nicht nur durch Vorbringen guter Gründe, sondern auch durch ihr praktisches Engagement in Caritas und Diakonie, in den Sozialstationen, Hospizen und Krankenhäusern. Wir wollen Mut machen, sich für eine menschenwürdige Begleitung Kranker und Sterbender einzusetzen und sich den Tendenzen zu aktiver Sterbehilfe entgegenzustellen.

Bonn / Hannover, im Januar 2003"

7. Diskussion

Frau Schellenberg: Die Stellung der Katholischen Kirche insgesamt ist im Großen und Ganzen doch bekannt. Es ist nichts dazu zu sagen oder zu erfragen. Ich finde die Regelung mit den Hospizen, der häuslichen Krankenpflege und die Zusammenarbeit mit dem Krankenhaus, wie Frau Wallenburg sagte, sehr interessant, auch dass von den Krankenhäusern vermittelt wird. Das finde ich wesentlich, im Prinzip also passive Sterbehilfe. Aktive Sterbehilfe ist daher, wenn eine gute Versorgung da ist, nicht nötig. Aber passive Sterbehilfe – durch Abstellen von Maschinen und dergleichen, wenn es angebracht ist – das finde ich wichtig.

Fred Zipperling (Richter am Amtgericht Königswusterhausen): Herr Pollack, ich bin kein übermäßig religiöser Mensch, obwohl ich mir manchmal nicht ganz sicher bin, ob die Sicht der Kirche nicht doch richtig ist, dass da oben einer sitzt, der ein bisschen was regelt. Die Katholische Kirche sagt, ich glaube an Auferstehung, Sterbehilfe lehnen wir ab. Sie haben so schön das Bild gezeichnet, unser Leben führt zu Gott, aber nicht drängeln. Ich fand das gut formuliert, aber meinen Sie nicht, dass als Beispiel ein Apalliker, der auf seiner Matratze liegt, über eine Sonde ernährt wird, Reize von Außen nicht groß mitbekommt, der vielleicht auch gar nicht mitbekommt, dass er versorgt wird, dass der nicht, wenn er die Wahl hätte und sich äußern könnte, drängeln würde – um bei der Formulierung zu bleiben –, dass der nicht vielleicht sagen würde: „Gott, hier bin ich, hol mich endlich!"?

Propst Herbert Pollack: Das hören wir gelegentlich, wenn wir alte Leute besuchen, die Schwestern wissen das sicher auch. Ähnlich liegt es, wenn greise, wirklich alte Leute, die vielleicht schon lange bettlägerich sind, regelmäßig beteuern: „Wenn mich der liebe Gott doch holen würde, ich möchte sterben". Denen kann man natürlich nicht sagen, nimm' was, das wollen sie ja so auch nicht. Für sie ist es wichtig, wie wir es in der Hospizarbeit auch versuchen, dass es Menschen gibt, die sie noch mit Liebe und Umsorgung nicht nur am Leben erhalten, es verlängern, sondern ihnen zeigen, dass sie wertvoll sind, dass sie nicht „entsorgt" werden müssen. Das ist das, was Mutter Theresa immer sagte. Sie hat die Sterbenden von der Straße geholt, um die Würde des Menschseins zu zeigen, auch wenn sie praktisch nur noch für Stunden zu Tode gepflegt wurden, aber als Menschen starben.

Prof. Lothar Knopp (BTU): Wenn ich Sie richtig verstanden habe, ging es bei Ihnen um Personen, die gar nicht mehr merken, dass sie umsorgt werden, d. h. sie können diese menschliche Zuwendung gar nicht mehr erfahren oder spüren, vielleicht ist diese ihnen unterschwellig bewusst, das wissen wir natürlich nicht, das sind Grenzbereiche, über die wir wenig wissen. Wir wissen zwar z. B. bei Komapatienten, dass sie durchaus unbewusst gewisse Dinge miterleben oder im Wachkoma zur Kenntnis nehmen. Wir würden aber jetzt einmal den „Fall X" unterstellen, dass in der Tat der betreffende Patient nur noch leidet, aber sonst überhaupt nichts mehr mitbekommt. Da würden Ihre Aussagen ins Leere laufen.

Schwester Gebhardis (Carl-Thiem-Klinikum Cottbus): Ich betreue zurzeit so ein schwerkrankes Kind. Zunächst dachte ich, was hast du vom Leben, was erwartet dich, hast du noch ein lebenswertes Leben? Ich bin innerlich eines Besseren belehrt worden, als ich die Mutter, den Vater und die Großeltern des Kindes gesehen und erlebt habe. Wenn die jetzt hier sitzen würden, möchte ich einmal wissen, was sie zu diesem Thema sagen würden. Hier zählt nämlich nur die Liebe der Eltern, der nahen Umgebung, das einzige Kind, es zählt nur: „Komm durch, egal wie!" Die Mutter, der Vater tun alles dafür, kommen nachts weit hergefahren, nach Arbeitsschluss, um bei ihrem Kind zu sein. Das ist das Schwierige. Die Mutter kommt herein und man merkt an ihrer Reaktion - sie hatte Luftballons aufgeblasen -, dass sie hoffte, dass das Kind durch Blicke die Luftballons wahrnimmt. Und so war es auch. Inwieweit ein bloßer Reflex dahinter stand, kann ich nicht beurteilen. Ich sage nur, das ist diese Grenzerfahrung. Was noch eine Grenzerfahrung ist, ich habe es bei jemand anderem erlebt, wo ich einen Mann begleitet habe, der gesagt hat: „Schwester, könnt´ ich sterben; ich will nicht mehr!" und die Frau hat gesagt: „ich will dich aber". Er hat nach dieser ganzen schlimmen Phase noch zwei Jahre gelebt. Ich denke, der Mann hätte zu dem Zeitpunkt, wo es ihm so dreckig ging, gesagt, gebt mir die Spritze, gebt sie mir. Aber man reagiert, wenn es einem wieder einen Fingerhut besser geht, ganz, ganz anders. Alle, die schon einmal in so einer Lebenskrise standen, wissen, was ich hier sage.

Prof. Wolfgang Schluchter (BTU): Ich denke, es ist sehr wichtig, an den konkreten Beispielen, wie Sie es aus Ihrer Tätigkeit schildern, zu sehen, wie komplex die Frage ist. Ich möchte gerade an dem zuletzt genannten Beispiel einsteigen. Ich bin vorhin von einer Teilnehmerin, die Kinderärztin im Krankenhaus ist, gebeten worden, Folgendes hier in die Debatte einzubringen: Es handelt sich dort um ein Kind, das 450 Gramm wiegt, also winzig klein und total behindert ist. Es ist einfach ein Stück Fleisch, entschuldigen Sie, wenn ich das so sage. Die Eltern stehen nicht zu dem Kind, sie wollen es nicht haben. Dies kann sich natürlich ändern, weil es neue Identitäten gibt. Vielleicht passieren ja auch psychosoziale Dinge. Der Chefarzt und die Kinderärztin sind sich einig in der Auffassung, dass man die Versorgung nicht weiter betreiben sollte. Es geht aber nicht, es muss weiter gehen. Das ist eine tiefe ethische Frage, auch an Herrn Pollack. Was ist dort zu tun? Ich frage, weil es ein dramatisches Beispiel ist. Irgendwie weiß man nicht mehr weiter.

Propst Herbert Pollack: Das Kind muss sicher künstlich beatmet und an Apparatemedizin angeschlossen sein. Ich denke, da müssen Ärzte entscheiden, ob noch außerordentliche Mittel angewendet werden müssen, um ein solches Leben zu verlängern, ohne zu sagen, es ist unwert oder nicht lohnend.

Prof. Wolfgang Schluchter (BTU): Die Frage ist natürlich, wer entscheidet, wer verantwortet? Sie sagten, der Tod ist das Ziel. Bei dem Kind ist es gerade anders herum, es steht am Beginn des Lebens.

Propst Herbert Pollack: In der Bibel steht der Satz: „Wen Gott liebt, den lässt er jung sterben". Wenn man davon ausgeht, was Besseres kann uns nicht passieren als beim lieben Gott zu sein.

Dr. Josef Horntrich (Obermedizinalrat, Ärztlicher Direktor des Carl-Thiem-Klinikums Cottbus a.D.): Ich denke, als Arzt muss man manchmal in einer Situation eine Entscheidung fällen. Bei Entscheidungen gibt es nicht immer hundertprozentige Sicherheit, sondern nur höchstmögliche Wahrscheinlichkeit mit Restunsicherheit und die muss man mit in Kauf nehmen. Wenn Ärzte in diesem Falle sagen, dass hier ein Leben nur mit schwersten Behinderungen noch möglich ist, denke ich, dann ist es gerechtfertigt, wenn man die Aktion einstellt. Selbst wenn jemand sagt, es ist nicht bis zum allerletzten Moment, wo noch Leben drin war, alles unternommen worden. Da sind wir doch wieder bei der Diskussion Maximaltherapie bis zum letzten Atemzug und das kann eben sehr unmenschlich sein. Ich denke, wir müssen mit unserer menschlichen Begrenztheit auch leben können und eine vernünftige Entscheidung treffen. In diesem Falle würde ich mich den Ärzten, die so tendieren, voll anschließen. Ergänzend möchte ich zu dieser Frage, Schwester Gebhardis hat sehr schöne Beispiele geliefert, anmerken: Wir müssen uns im Klaren sein, dass diese Beispiele die Ausnahme sind, das ist nicht die Regel. Wenn ich den *Keppner*-Fall geschildert habe, seit drei Jahren künstlich ernährt usw., kann man davon ausgehen, dass eine Prognose hinsichtlich einer Besserung nicht zu erwarten ist. Wenn dann ein Wille vorliegt, dass nicht alles unternommen werden soll, denke ich, ist dieser Wille gerechtfertigt. Hier, Herr Propst Pollack, ist der Weltkatechismus nach dem Artikel 2278 klarer und eindeutiger, als der Absatz, Seite 6 unten, wo das offen gelassen ist. Wenn ein solcher Zustand eingetreten ist, ist es nicht nötig oder zwingend, außerordentliche Mittel anzuwenden. Dazu gehört auch die künstliche Ernährung. Ich meine, es ist dann gerechtfertigt, dem Patientenwillen Folge zu leisten und diese Ernährung einzustellen.

Prof. Lothar Knopp (BTU): Ich möchte an das Beispiel anknüpfen, das Schwester Gebhardis gebracht hat. Sie haben die starke Liebe der Eltern in den Vordergrund geschoben, wobei man nicht weiß, ob das Kind es überhaupt mitbekommt. Dazu muss man natürlich eines sagen, wenn ich es auch etwas provokativ an dem Beispiel ausdrücken darf, es kommt immer auf den Willen des Patienten selbst an, also nicht darauf, was die Eltern wollen, sondern zunächst, was das Kind will, wobei natürlich das Selbstbestimmungsrecht des Kindes grundgesetzlich durch das Elternrecht begrenzt ist. Die Eltern haben in dem Zusammenhang natürlich die Aufgabe, diesen mutmaßlichen Willen des Kindes zu interpretieren und ihm Folge zu leisten, aber nicht quasi ihren eigenen Willen an die Stelle des Willens des Kindes zu setzen.

Veronika Lattich (Caritas Cottbus): In diesem Fall brauchen erst einmal die Eltern Hilfe. Mit den Eltern zusammen kann vielleicht eine gemeinsame Entscheidung gesucht werden. Eltern sollten auch Abschied nehmen von ihrem Kind und Trauerarbeit leisten. Das ist ganz schwer möglich, das weiß ich aus meiner Beratungspraxis. Wenn Eltern sich von ihrem Kind nicht verabschieden, haben sie später in der Regel oft Probleme. Eltern brauchen Hilfe für gemeinsame Entscheidungen mit dem Arzt und mit dem Pflegepersonal.

Podiumsdiskussion

Prof. Wolfgang Schluchter (BTU): Ich denke, vieles heute war sehr geeignet, nachzudenken oder überhaupt eine gewisse Sensibilisierung bei sich selbst zu verspüren. Ich möchte das Abschlussgespräch eröffnen. Das Erste, was ich gerne alle fragen würde ist, was haben wir heute gelernt? Es sind alles Menschen, die Bescheid wissen, die eine Position haben. Das Zweite ist insgesamt die Frage: Es gibt diese Befragung. 68 Prozent repräsentativ befragte Bevölkerung sagen, dass diese Selbstbestimmung zu sterben gewünscht wird. Also „Ja" zur Selbstbestimmung. Da muss man sich positionieren. Wir reden gerne über andere, aber vielleicht doch seltener miteinander. Das wäre vielleicht ein Gesichtspunkt als zweite Diskussionsmöglichkeit. Die dritte Frage ist, sind wir nicht bei dem, was wir heute diskutiert haben, nicht ein bisschen zu stark auf dem „Trip der Verrechtlichung"? Wir wollen alles verrechtlichen? Wir wollen Exaktheit haben, wir wollen genaue Definitionen. Also Ja oder Nein, da gibt es auch Grauzonen, ein Hospiz, in dem ich leben kann, in dem andere leben können. Das ist vielleicht eine individualistische Herangehensweise. Die individuelle Selbstbestimmung hat vielleicht doch einen Sinn. Diese drei Fragen würde ich vorschlagen, zu erörtern.

Prof. Lothar Knopp (BTU): Trivial sind diese Fragen sicher nicht und von meiner fachlichen Ausrichtung fange ich gleich mal beim Stichwort Verrechtlichung an. Es ist in der Tat ein solcher Trend, auch in anderen Bereichen, immer wieder zu bemerken. Nur, wir haben hier natürlich ein Problem. Die Ärzteschaft, das ist ganz deutlich heraus gekommen, hat natürlich Angst. Die Richter haben Angst, wobei diese Angst sich dort eher in Grenzen hält. Untere Instanzen warten ab, was höhere Instanzen und der Bundesgerichtshof entscheiden, der wird es schon richten, oder auch nicht. Jedenfalls bestehen Ängste in dem diskutierten Bereich vor allem bei den Entscheidern, das sind vor Ort die Ärzte, zweifellos, die gerade nach Rechtssicherheit, ich möchte es jetzt übertrieben sagen „schreien", die Rechtssicherheit fordern, weil wir bislang nur eine einzige Vorschrift zu diesem ganzen Komplex Sterbehilfe haben. Wir können zum jetzigen Zeitpunkt daher noch nicht von einer Verrechtlichung im eigentlichen Sinne sprechen. Wir haben die Vorschrift des § 216 StGB, wonach aktive Sterbehilfe strafbar ist. Alles andere, auch die Entscheidung für eine passive Sterbehilfe, also wann schalte ich die Beatmungsmaschinen ab, kann sehr schnell – das höre ich auch immer wieder in der Diskussion mit Ärzten – umschlagen in plötzliches aktives Handeln. Dass man in einer Grauzone drin ist, wo dann der Arzt sagt, jetzt muss ich entscheiden, aber ich will eigentlich nicht entscheiden, denn möglicherweise bin ich gleich im Bereich des § 216 StGB. Und daher der Ruf nach Verrechtlichung oder besser gesagt nach Rechtssicherheit. Wie diesem Ruf stattgegeben wird, das steht wieder auf einem ganz anderen Blatt. Einen solchen Ruf haben natürlich auch die Ärzte in den Niederlanden erhoben und ich habe Ihnen hierzu auch einige Beispiele oder Reflexionen genannt, wonach die Ärzte dort gesagt haben, das haben wir uns alles nicht ganz so vorgestellt wie es sich jetzt entwickelt hat. Für die Bundesrepublik können wir festhalten, das hat ja auch Herr Ehlert ganz deutlich gesagt, wir werden aktive Sterbehilfe jedenfalls nicht auf absehbare Zeit legalisiert bekommen. Das wird nicht passieren. Dafür werden im Bereich der passiven Sterbehilfe Regelungen zu Patientenverfügungen gefunden werden müssen. Wir haben gesehen, dass bereits entsprechende Verfahren in Gang sind. Wann ein Gesetz kommen wird, wissen wir nicht. Den Juristen unter Ihnen brauche ich es nicht zu sagen, dass sich die weitere Frage stellen wird, wie sieht so ein Gesetz aus und ist es auch für die Adressaten verständlich.

Dr. Josef Horntrich (Obermedizinalrat, Ärztlicher Direktor des Carl-Thiem-Klinikums Cottbus, a.D.): Ich meine, wir können mit Grauzonen nicht leben. Ich will Ihnen ein Beispiel nennen. Es ist so, dass in Akutzuständen erst einmal intubiert und dann voll beatmet wird. Nach drei Wochen vielleicht sind sie zur Erkenntnis gekommen, eine Genesung ist hier nicht mehr zu erreichen. Der Patient wird nie wieder spontan atmen können, aber er ist immer noch an der Maschine und mit der Maschine wird er noch über eine, zwei oder drei Wochen weiterleben können. Sie wissen aber, dass es tödlich enden wird. Bin ich berechtigt, jetzt, nach dreiwöchiger Erkenntnis die Maschine abzustellen?

Prof. Lothar Knopp (BTU): Rechtlich kommt in diesem Fall gegebenenfalls das Betreuungsrecht zum Zuge, das aber nicht unbedingt immer befriedigende Lösungen bereit hält.

Dipl. med. paed. Annette Wallenburg: Selbstbestimmung des Patienten steht bei uns an erster Stelle.

Prof. Wolfgang Schluchter (BTU): Sie plädieren für die Selbstbestimmung. Wir werden am Ende noch einmal eine Schlussfolgerung ziehen. Was aber heißt denn konkret Selbstbestimmung?

Unterstellen wir einmal, egal wie viel Prozent, dass eine Mehrheit der Bevölkerung, der Bürger der Meinung ist, dass wenn man sterben will, man die Möglichkeit bekommen soll, dies zu äußern und dann auch sterben darf. Damit müssen wir uns auseinandersetzen.

Dr. Josef Horntrich (Obermedizinalrat, Ärztlicher Direktor des Carl-Thiem-Klinikums Cottbus, a.D.): Es stellt sich in diesem Zusammenhang die Frage, ob der Lebensschutz oder das Tötungsverbot sozusagen per Volksabstimmung entschieden werden kann, ob dies nicht Werte sind, über die man eben nicht abstimmen kann. Sie sind Grundlage unseres Lebens, des Erhaltes des Volkes; darüber kann nicht abgestimmt werden. Ich weiß nicht, ob man hier jene 68 Prozent der Bevölkerung zur Grundlage nehmen soll, um eine Gesetzesänderung herbeizuführen. Das muss man sich gut überlegen, denn zu den Grundfesten des menschlichen Zusammenlebens überhaupt gehören Tötungsverbot und Lebensschutz.

Prof. Wolfgang Schluchter (BTU): Wir haben auch über verfassungsrechtliche Aspekte geredet, das Recht auf Selbstbestimmung und das Recht auf Leben. Es können m. E. durchaus konkurrierende Rechtsgüter sein. Aber die konkurrierenden Rechtsgüter, dieses Normative, sind mir selbst „im Falle eines Falles" eigentlich egal. Ich möchte oder ich möchte nicht. Das muss ich entscheiden können. Ich bin in dem einen Fall berechtigt und in dem anderen natürlich ebenfalls. Das ist ja gerade der Sinn der Selbstbestimmung.

Bernd Lattig (Caritas Cottbus): Ich bin etwas erschrocken, wenn man irgendwelche Umfrageergebnisse zum Maßstab einer Gesetzgebung machen würde. Diese Umfrageergebnisse sind doch ein Ergebnis der Gesellschaft, der gesellschaftlichen Entwicklung, der Versachlichung, der Technisierung, in der wir uns befinden und die eigentlich immer mehr abweicht von den Fragen des persönlichen Umgangs in der Familie, abweicht von den Werten, die wir so notwendig brauchen in der heutigen Gesellschaft. Deswegen bin ich der Meinung, dass diese Fragen in den Familien ablaufen sollten, wo doch heute gesagt wurde, im ländlichen Raum oder in den Naturvölkern, da gibt es eine ganz andere, viel nähere Beziehung zu den Sterbenden. Das wäre doch eher ein Ziel, das wir uns einmal vornehmen sollten. Deswegen möchte ich auch diese Veranstaltung hier positiv bewerten und mich auch bedanken, dass es überhaupt dazu gekommen ist, dass man diese Thematik in aller Öffentlichkeit diskutiert. Es könnte ein Anfang sein, dass die Diskussion in der Öffentlichkeit fortgeführt wird und vielleicht auf Dinge zurückkommt, von denen wir uns immer mehr entfernt haben.

Richard Radloff (Richter am Amtsgericht Fürstenwalde): Wir können uns von der Statistik her gesehen jeder ausrechnen, ob wir später und mit welcher Wahrscheinlichkeit wir betroffen sein werden. Jeder hat ja die Möglichkeit, Vorsorge zu treffen und auch mit seinen Angehörigen zu sprechen, wenn man merkt, dass es losgeht, z. B. die Oma ist zunehmend durcheinander, sie ist aber noch in der Lage, ihre Vertrauensperson zu benennen, dann kann eine sog. Vorsorgevollmacht erstellt werden und dies wieder, um einer Betreuung vorzubeugen. Und weil von den meisten Menschen nicht solche Vorsorge getroffen wurde, haben wir die Dramatik, dass die Betreuungsverfahren angestiegen sind. Bei der Einführung des Betreuungsgesetzes, das vor etwa zwanzig Jahren in Westdeutschland geschaffen wurde – diese Wohltat haben wir dann auch erfahren – hat man gesagt, dass Betreuungsrecht kein Geld kostet. Im Westen ist diese Behauptung eher aufgegangen als im Osten. Vielleicht müsste man sich auch darüber unterhalten, weshalb im Osten die Leute, die früher so gerne ehrenamtlich tätig waren, nach der Wende nicht mehr gerne ehrenamtlich tätig sind? Es wurde keine Vorsorge getroffen und die Kosten sind immens gestiegen. Das ist ein Aspekt, weshalb es m. E. auch zu einer Gesetzesänderung kommt. Man sollte im Freundes- und Bekanntenkreis immer daraufhin wirken, dass eine Vorsorgevollmacht erstellt wird. Es hat auch mit dem selbstbestimmten Leben zu tun, dass man die Dinge, die später, wenn man selbst nicht mehr entscheiden kann, regelt. Es ist nicht immer nur der tödliche Verkehrsunfall, sondern eventuell der Verkehrsunfall, der auf der Intensivstation endet. Für diesen Fall können wir in so einer Vorsorgevollmacht die Vertrauensperson benennen, die die Entscheidungen fällt und alles andere dann in einer entsprechenden Patientenverfügung regeln.

Dipl.-Ing. Eleni Vasileiadou (BTU): Vielleicht könnte eine neue Begrifflichkeit helfen, die aktive und passive Sterbehilfe abzulösen. Jeder erschrickt bei dem Wort „Sterbehilfe". Vielleicht sollte man von Erlösung, Erlösungstod, Befreiung sprechen oder einfach den Begriff nur klar rechtlich definieren. Neue Begrifflichkeiten zu schaffen und klare Grenzen zu setzen halte ich für nötig. Die Lust, selbst zu bestimmen, könnte eigentlich dazu führen, dass man einfach entscheidet: „Ich will sterben, bitte gebt mir mein Gift und sagt mir gute Nacht." Das ist jetzt sehr banal ausgedrückt: Man sollte einfach sagen, ich würde am liebsten so sterben, dass ich einschlafe, und dass meine geliebten Personen bei mir sind. Ich könnte es dann theoretisch und praktisch mit meinem freien Willen bestimmen, dass ich sage, so, jetzt bin ich achtzig Jahre alt, das reicht mir, ein Punkt, wo ich meine, dass ich geschafft habe, was ich im Leben wollte, dass ich schon ein bisschen krank bin, und dass mir der Zustand nicht gefällt. Ich glaube, dass diese Art von „Selbstmord" vielleicht mit der Zeit in unserer Gesellschaft akzeptiert würde, wenn Medizin und der Fortschritt soweit reichen, dass man das Leben unendlich verlängern kann, nicht unendlich vielleicht, aber immer wieder verlängern, ohne eine Basis zu haben, wobei ich jetzt in Richtung „Zukunft“ spreche. Irgendwie ist es auch eine Angst der Kirche, dass durch diesen freien Willen und das Erlauben von Sterbehilfe man einfach „Selbstmord“ betreiben kann und somit die Aufgabe Gottes übernimmt.

Propst Herbert Pollack: Wir haben uns das Leben nicht selbst gegeben. Es ist ein Geschenk der Liebe der Eltern und wir sollten deshalb über unser eigenes Lebensende genau so wenig entscheiden wie über das Lebensende eines anderen. Wehe, wenn wir in die Hände von Menschen fallen. Das sollten wir vielleicht doch besser Gott überlassen. Jede Stunde bringt uns dem Tod eine Stunde näher, egal wie lange es noch dauert. Das sollte man nicht aus dem Auge verlieren. Daher ist es gut, dieses Thema, das Sterben, das Leben mit dem Tode oder auf den Tod hin, zu enttabuisieren. Man muss den Tod nicht immer vor Augen haben, muss auch nicht immer Totenlieder singen. Auch vom christlichen Verständnis und Menschenbild her, oder wenn wir das alte Testament und die Schöpfungsgeschichte dazunehmen, also das jüdisch-christliche Menschenbild, von dem wir in Europa geprägt sind, sollte der Geschenkcharakter des Lebens beachtet werden und vielleicht ganz extrem gesagt, auch der Geschenkcharakter des Todes und damit die Befreiung von Schmerz und Leid.

Fred Zipperling (Richter am Amtsgericht Königswusterhausen): Sie sagen, wir haben das Leben geschenkt bekommen. Das ist wahr, aber es ist letztendlich unser Leben, es sind unsere Schmerzen und Leiden. Ich werde selbst sterben müssen, nicht die Eltern, deren Liebe ich mein Leben verdanke. Ich glaube, das sollte man nicht aus den Augen verlieren. Ich habe dieses Leben geschenkt bekommen, aber jetzt ist es meins. Das hört sich vielleicht ein bisschen materialistisch an, aber ich denke, Sie verstehen, was ich meine. Die Kirche hat zweifellos eine andere Sichtweise, ob ich über dieses Leben so frei entscheiden kann, wie das vielleicht nichtgläubige Menschen sehen, die sagen, das ist meins und damit mache ich, was ich will.

Dr. Klaus Wells (ehem. Unfallchirurg im Carl-Thiem-Klinikum Cottbus): Es geht hier nicht nur um die Dimension der Entscheidung über das eigene Leben und die Beendigung eines nichtlebenswerten Lebens aus der Sicht dessen, der eine entsprechende Verfügung getroffen hat, sondern ganz wichtig ist die zweite Dimension, die dazu gehört. Das ist die Entscheidung aus medizinischer Sicht. Man kann beides nur im Kontext sehen. Die Beendigung des Lebens ist vorliegend eigentlich gar nicht das Thema. Entscheidend ist doch die Patientenverfügung, der Patientenwille im Zusammenhang mit dem gesundheitlichen Befinden. Nur in diesem Zusammenhang hat die Betrachtungsweise einen Sinn. Dazu gehört eben die Entscheidung von medizinischer Seite. Diese hat natürlich die Schwäche einer Grauzone oder der nichtrechtlichen Sicherung. Ich denke, die Forderung muss ganz einfach dahin gehen, eine rechtliche Sicherung dafür bereitzustellen.

Dr. Josef Horntrich (Obermedizinalrat, Ärztlicher Direktor des Carl-Thiem-Klinikums Cottbus, a.D.): Was wir nicht angesprochen haben, Frau Wallenburg hat das in ihrem Vortrag erwähnt, ist die Schmerztherapie, die auch eine Rolle bei der Betreuung Schwerstkranker und Sterbender spielt. Hier ist längst bekannt, dass in Deutschland viel zu wenig getan wird. Man hat bei uns eine unheimliche Angst vor Morphium. Wenn man vergleicht, was in Deutschland und was in anderen Ländern verschrieben wird, dann sieht man, dass Ärzte in anderen Ländern weit mehr verordnen. Die Furcht, Todkranke könnten Morphinisten oder abhängig werden, ist viel zu groß. Wir sehen das auch an unseren Morphium-Rezepten. Da ist ein extra Block, der registriert, nummeriert wird. Doppelt oder gar dreifach muss das Präparat ausgestellt werden mit täglichen Maximaldosen und Verordnungsverschreibungen. Viele Ärzte sind damit überfordert und verschreiben am liebsten gar keins, weil es so schwierig ist. Dabei weiß man, dass über diese Strecke die wenigsten zu Morphinisten werden, weil sie erst in der letzten Lebensphase Morphium erhalten. Was für Situationen eintreten können, möchte ich einmal aus meinen persönlichen Erfahrungen als Arzt schildern: Als junger Assistent, das war glaube ich im Jahre 1958, hatten wir einen Patienten mit einem fortgeschrittenen Rektumkarzinom, das in die Nerven des Beckens eingewachsen war. Ich war damals noch unerfahren und habe mich nach den Vorschriften gerichtet, die da waren: 3 x 01, 3 x 02 Morphium, vielleicht waren es auch 4 x 01. Eines Morgens wurde der Patient in der Toilette gefunden, dort hatte er sich erhängt. Er war wegen der nicht bekämpften Schmerzen in den Tod gegangen, weil er keinen anderen Ausweg sah. Ich habe das als schweren Vorwurf wahrgenommen und war später nie kleinlich im Verordnen von Morphium. Wir hatten es auf der Station leichter. Da gab es nur eine Unterschrift. Ich hatte als Chef jede Woche zu kontrollieren, wie viel und an wen verordnet worden war. Es war also eine ausreichende Kontrolle da. Ich glaube, auch in der Chirurgie wurde nicht gegeizt mit der Verabreichung der notwendigen Menge an Morphium. Ich habe wieder einen ähnlichen Casus erlebt, das war schon viel später, in den 80-er Jahren, ein Patient, der unerträgliche Schmerzen hatte. Wir haben die Dosis gesteigert: 3 x 02, 4 x 02, 4 x 03, schließlich sogar 6 x 04. Ich habe mir diese Dosierung gemerkt, das war das Dreifache der täglichen Maximaldosis. Der Patient ist nicht daran gestorben, sondern hat das toleriert. Die Schmerzen waren gerade so erträglich; die hypnotisierende Wirkung des Morphiums war notwendig, damit sein Zustand erträglich wurde. Nun können Sie natürlich sagen, der ist Morphinist gewesen. Aber wem schadet das, wenn er stirbt? Vielleicht ist sein Leben durch zu hohe Dosen von Morphium verkürzt worden. Ich glaube zwar nicht daran, aber es wäre denkbar. Ich denke, hier muss eine viel großzügigere Verfahrensweise in der Verordnung von Schmerzmitteln, auch von Morphium, geübt werden, damit die letzte Lebensphase erträglich wird und gerade nicht der Ruf nach der aktiven Sterbehilfe kommt.

Daniel Kothe (BTU): Ich denke nicht, dass durch eine Verrechtlichung der Sterbehilfe eine Welle des freiwilligen Massensterbens einsetzen würde, ich glaube eher, dass betroffene Patienten, Menschen, die an Krebs leiden und großen Schmerzen ausgesetzt sind, eher dadurch beruhigt werden, wenn die Möglichkeit bestünde, egal wann, die richtige Entscheidung zu treffen.

Propst Herbert Pollack: Wenn es straffrei wäre, dass man sich auf Verlangen den Tod und eine aktive Beihilfe dazu wünschen kann, würde dasselbe Problem wie bei § 218 StGB bestehen. Es geht eigentlich um die Straffreiheit. Es ist wohl so, dass eine Abtreibung unter bestimmten Bedingungen straffrei ist, rechtswidrig, aber straffrei und damit nach Meinung der Leute erlaubt. So könnte es sehr schnell auch mit einem Gesetz zur Sterbehilfe werden. Das Wort „straffrei" liest man in der Zeitung. Was aber nicht bestraft wird, muss erlaubt sein? Der soziale Druck, zu wissen, ich könnte dadurch, dass ich sterben kann, wann ich will, die Familie entlasten, könnte dadurch verstärkt werden, dass man im Falle eines solchen Gesetzes die Straffreiheit praktisch als „Erlaubtsein" versteht. Das wäre ein weit größerer Dammbruch.

Dipl. med. paed. Annette Wallenburg: Ich möchte über das Beispiel einer jungen, 45-jährigen Frau, die unheilbar an Krebs erkrankt war, berichten, die wir ambulant zur Betreuung und Ernährungstherapie aufgenommen haben: Sie war abgemagert auf 40 Kilogramm bei 1,80 Meter Lebensgröße und litt unter wahnsinnigen Schmerzen. Sie konnte sich kaum noch bewegen, hat aus Schwäche fast nur noch gelegen, war aufgelegen. Wir hatten ihr, neben der Ernährungstherapie über ein Portsystem, das ist ein Implantat, über das man zentral-venös ernähren kann, angeboten, eine Schmerztherapie mit dem Schmerztherapeuten zu vereinbaren. Orale Schmerzmedikamente, Morphine, waren nicht möglich, da sie kaum noch über Darm verfügte. Wir mussten also über das Portsystem oder über die Haut eine Möglichkeit finden, ihr Morphine oder andere schwere Schmerzmittel so verabreichen zu können, dass sie sich relativ wohl fühlt. Wir hatten uns nach kurzer Eingewöhnungszeit für eine Pumpenversorgung entschieden, d. h. subcutan. Dazu wird eine kleine Nadel in die Haut gestochen und es werden über den ganzen Tag zu gleichmäßigen Zeiten geringe Dosen von Morphinen verabreicht. Diese Patientin bekam die Pumpe alle zehn Tage gefüllt, als wir mit der Einstellung fertig waren, d. h. sie hat eine Riesenmenge Morphin zur freien Verfügung bekommen und konnte sich selbständig mit einem roten Knopf ihre Dosen „verpassen". Diese kleinen Computer sind nicht so kompliziert, dass man nicht ihre Einstellung ändern könnte. Man schaut ja zu, was die Schwester eingestellt hat. Die Patientin hätte sich also durchaus täglich soviel „verpassen" können, dass sie davon hätte sterben können. Die Patientin hatte bei der Aufnahme geäußert, jeder Hund, jede Katze, jedes Pferd bekäme eine Spritze und man hätte Gnade mit ihnen, beim Menschen aber nicht. Nach einem viertel Jahr habe ich sie gefragt: „Sie haben es doch jetzt in der Hand, weshalb haben Sie es denn nicht getan?" Da hat sie mich völlig verwundert angeguckt und gefragt: „Was meinen Sie denn? Wir wollen doch nächste Woche nach Costa Rica!" Und wir sind gefahren. Sie hat zweieinhalb Jahre mit dieser Pumpe gelebt. Wir waren noch vierzehn Tage vor ihrem Tod in Holland auf einem Hausboot und haben uns den Tulpenmarkt angeschaut. Sie ist dann, vierzehn Tage nach dieser letzten Reise, verstorben und hat sich bei mir zuvor für diesen Wunsch nach der Gnadenspritze entschuldigt. Diese zweieinhalb Jahre mit dieser jungen Frau – wir waren damals fast gleichaltrig – waren für mich ein Schlüsselerlebnis. Sie hatte es in der Hand, selbst zu entscheiden, aus dem Leben zu gehen, ziemlich einfach aus dem Leben zu gehen, mit einer Überdosis Morphin. Sie hat es aber nicht getan, weil sie wieder Lebensqualität hatte, Freude am Leben und sich von diesem Leben noch ein großes Stück geholt hat. Sie ist im Hospiz verstorben, weil der Mann nicht wollte, dass sie zu Hause verstirbt. Er hatte Angst davor. Wir haben also die Begleitung gemeinsam im Hospiz gemacht und es blieb nichts offen bei dieser Patientin. Es ist über alles gesprochen worden. Wir hatten sehr viele schöne Erlebnisse, es war keine Jammerei. Es gab auch noch ein weiteres Erlebnis. Die Patientin wollte in Costa Rica unbedingt reiten. Sie war gewindelt. Ich hatte ihr eine erhöhte Dosis Morphin gegeben, damit sie überhaupt auf´s Pferd kam und das ausgehalten konnte. Nach drei Stunden habe ich ihr geholfen, dass sie herunter kam: Sie hat sich zwischendurch noch zweimal Morphium gegeben, da krümelten aus dem Hosenbein Flocken von dieser Windel raus. Wir haben so herzlich gelacht, keiner wusste, was das eigentlich ist und ich sagte, wir werden an die Fa. Hartmann schreiben, dass die Windeln zum Reiten nicht geeignet sind. Das sind Erlebnisse, die mir Kraft und uns auch Recht in der Hospizbetreuung geben und die mich animieren, unsere Hausärzte zu animieren, sich schmerztherapeutisch zu betätigen.

Schlussbetrachtung von Prof. Wolfgang Schluchter

Das Beispiel, von dem Sie berichtet haben, ist eigentlich das, was ich in meinem Beitrag heute morgen gesagt habe. Es ist ein Beispiel für einen sog. „guten Tod“. Das ist eigentlich die zentrale Herangehensweise. Aus meiner Sicht ist das so, ich möchte einen guten Tod haben. Wie der nun im Einzelnen gestaltet ist, weiß ich natürlich heute nicht, aber ich möchte gerne diese Option haben. Das ist mein Bedürfnis und da orientiere ich mich schon an meinem eigenen Wertegerüst. Was ich tue, das ist meine Angelegenheit. Ich habe aber soviel Verantwortung, dass ich nicht nur denke, es geht um mich, sondern ich habe Angehörige, ich habe eine Umgebung, ich habe Freunde usw. Ich kann auch ein Beispiel nennen, von einer Freundin, die Krebs hatte und der es klar war, dass es höchstens noch drei Wochen geht. Wir haben ein großes Fest veranstaltet, das war schon eine irre Geschichte, zwischen Tränen und Lachen. Sie ist gegangen und war eine Woche später tot. Das war einfach toll, es war einfach gut. Das verstehe ich unter gutem Tod und vielleicht ist da diese Grauzone einfach schlicht so, in meinem Fall jedenfalls, dass ich nicht weiß, wie es gehen wird, aber es soll gut gehen. Ich glaube, wir sind auch ziemlich eng am Thema „Sterbehilfe – Tabuthema im Wandel?“ geblieben. Ich habe nicht das Gefühl, dass wir sehr tabuisiert gesprochen haben. Wir haben auch von uns etwas erzählt, was auch nicht so oft vorkommt und üblich ist, jedenfalls nicht in der Öffentlichkeit. Ich denke, es war ein guter Beginn einer solchen Diskussion. Wir haben vor, dieses Thema oder diese Diskussion wieder aufzugreifen. Es wird nächstes Jahr sein, man weiß es noch nicht genau wann. Das ist wie mit dem Tod, es kann passieren, wir haben jedenfalls die Option. Wenn dieses der Fall sein wird, Sie haben Ihre Adressen und Namen aufgeschrieben und hinterlassen, dann werden Sie selbstverständlich benachrichtigt und wieder eingeladen. Vielleicht ist es aber auch heute ein guter Anlass, mit den Leuten zu Hause oder wo Sie tätig sind, zu sprechen. Ich möchte all denjenigen sehr herzlich danken, die ihre Beiträge geleistet haben, aus verschiedenen Disziplinen oder aus verschiedenen Sichtweisen und Auffassungen oder Ideologien heraus. Jeder hat seine Meinung. Ich bin sehr dankbar, dass Sie sich positioniert haben. Ich glaube, der Tag war ein Gewinn und jetzt kann ich besser über den Tod reden als zuvor.

Anhang

Grundsätze der Bundesärztekammer zur ärztlichen Sterbebegleitung*

Bundesärztekammer
Stand: 30.04.2004

Präambel

Aufgabe des Arztes ist es, unter Beachtung des Selbstbestimmungsrechtes des Patienten Leben zu erhalten, Gesundheit zu schützen und wieder herzustellen sowie Leiden zu lindern und Sterbenden bis zum Tod beizustehen. Die ärztliche Verpflichtung zur Lebenserhaltung besteht daher nicht unter allen Umständen.

So gibt es Situationen, in denen sonst angemessene Diagnostik und Therapieverfahren nicht mehr angezeigt und Begrenzungen geboten sein können. Dann tritt palliativ-medizinische Versorgung in den Vordergrund. Die Entscheidung hierzu darf nicht von wirtschaftlichen Erwägungen abhängig gemacht werden.

Unabhängig von anderen Zielen der medizinischen Behandlung hat der Arzt in jedem Fall für eine Basisbetreuung zu sorgen. Dazu gehören u. a.: menschenwürdige Unterbringung, Zuwendung, Körperpflege, Lindern von Schmerzen, Atemnot und Übelkeit sowie Stillen von Hunger und Durst.

Art und Ausmaß einer Behandlung sind gemäß der medizinischen Indikation vom Arzt zu verantworten; dies gilt auch für die künstliche Nahrungs- und Flüssigkeitszufuhr. Er muss dabei den Willen des Patienten beachten. Ein offensichtlicher Sterbevorgang soll nicht durch lebenserhaltende Therapien künstlich in die Länge gezogen werden. Bei seiner

---

* Der Nachdruck erfolgt mit freundlicher Erlaubnis des Deutschen Ärzteblattes. Quelle des Dokuments: Deutsches Ärzteblatt 101, Ausgabe 19 vom 07.05.2004, Seite A-1298-1299; Dokument online abrufbar unter: http://www.baek.de/30/Richtlinien/Empfidx/Sterbebegleitung2004/index.html.

Entscheidungsfindung soll der Arzt mit ärztlichen und pflegenden Mitarbeitern einen Konsens suchen.

Aktive Sterbehilfe ist unzulässig und mit Strafe bedroht, auch dann, wenn sie auf Verlangen des Patienten geschieht. Die Mitwirkung des Arztes bei der Selbsttötung widerspricht dem ärztlichen Ethos und kann strafbar sein.

Diese Grundsätze können dem Arzt die eigene Verantwortung in der konkreten Situation nicht abnehmen. Alle Entscheidungen müssen individuell erarbeitet werden.

I. Ärztliche Pflichten bei Sterbenden

Der Arzt ist verpflichtet, Sterbenden, d.h. Kranken oder Verletzten mit irreversiblem Versagen einer oder mehrerer vitaler Funktionen, bei denen der Eintritt des Todes in kurzer Zeit zu erwarten ist, so zu helfen, dass sie unter menschenwürdigen Bedingungen sterben können.

Die Hilfe besteht in palliativ-medizinischer Versorgung und damit auch in Beistand und Sorge für Basisbetreuung. Dazu gehören nicht immer Nahrungs- und Flüssigkeitszufuhr, da sie für Sterbende eine schwere Belastung darstellen können. Jedoch müssen Hunger und Durst als subjektive Empfindungen gestillt werden.

Maßnahmen zur Verlängerung des Lebens dürfen in Übereinstimmung mit dem Willen des Patienten unterlassen oder nicht weitergeführt werden, wenn diese nur den Todeseintritt verzögern und die Krankheit in ihrem Verlauf nicht mehr aufgehalten werden kann. Bei Sterbenden kann die Linderung des Leidens so im Vordergrund stehen, dass eine möglicherweise dadurch bedingte unvermeidbare Lebensverkürzung hingenommen werden darf. Eine gezielte Lebensverkürzung durch Maßnahmen, die den Tod herbeiführen oder das Sterben beschleunigen sollen, ist als aktive Sterbehilfe unzulässig und mit Strafe bedroht.

Die Unterrichtung des Sterbenden über seinen Zustand und mögliche Maßnahmen muss wahrheitsgemäß sein, sie soll sich aber an der Situation des Sterbenden orientieren und vorhandenen Ängsten Rechnung tragen. Der Arzt kann auch Angehörige des Patienten und diesem nahe stehende Personen informieren, wenn er annehmen darf, dass dies dem Willen des Patienten entspricht. Das Gespräch mit ihnen gehört zu seinen Aufgaben.

II. Verhalten bei Patienten mit infauster Prognose

Bei Patienten, die sich zwar noch nicht im Sterben befinden, aber nach ärztlicher Erkenntnis aller Voraussicht nach in absehbarer Zeit sterben werden, weil die Krankheit weit fortgeschritten ist, kann eine Änderung des Behandlungszieles indiziert sein, wenn lebenserhaltende Maßnahmen Leiden nur verlängern würden und die Änderung des Therapieziels dem Willen des Patienten entspricht. An die Stelle von Lebensverlängerung und Lebenserhaltung treten dann palliativ-medizinische Versorgung einschließlich pflegerischer Maßnahmen. In Zweifelsfällen sollte eine Beratung mit anderen Ärzten und den Pflegenden erfolgen.

Bei Neugeborenen mit schwersten Beeinträchtigungen durch Fehlbildungen oder Stoffwechselstörungen, bei denen keine Aussicht auf Heilung oder Besserung besteht, kann nach hinreichender Diagnostik und im Einvernehmen mit den Eltern eine lebenserhaltende Behandlung, die ausgefallene oder ungenügende Vitalfunktionen ersetzen soll, unterlassen oder nicht weitergeführt werden. Gleiches gilt für extrem unreife Kinder, deren unausweichliches Sterben abzusehen ist, und für Neugeborene, die schwerste Zerstörungen des Gehirns erlitten haben. Eine weniger schwere Schädigung ist kein Grund zur Vorenthaltung oder zum Abbruch lebenserhaltender Maßnahmen, auch dann nicht, wenn Eltern dies fordern. Wie bei Erwachsenen gibt es keine Ausnahmen von der Pflicht zu leidensmindernder Behandlung und Zuwendung, auch nicht bei unreifen Frühgeborenen.

III. Behandlung bei schwerster zerebraler Schädigung und anhaltender Bewusstlosigkeit

Patienten mit schwersten zerebralen Schädigungen und anhaltender Bewusstlosigkeit (apallisches Syndrom; auch so genanntes Wachkoma) haben, wie alle Patienten, ein Recht auf Behandlung, Pflege und Zuwendung. Lebenserhaltende Therapie einschließlich – ggf. künstlicher – Ernährung ist daher unter Beachtung ihres geäußerten Willens oder mutmaßlichen Willens grundsätzlich geboten. Soweit bei diesen Patienten eine Situation eintritt, wie unter I – II beschrieben, gelten die dort dargelegten Grundsätze. Die Dauer der Bewusstlosigkeit darf kein alleiniges Kriterium für den Verzicht auf lebenserhaltende Maßnahmen sein. Hat der Patient keinen Bevollmächtigten in Gesundheitsangelegenheiten, wird in der Regel die Bestellung eines Betreuers erforderlich sein.

IV. Ermittlung des Patientenwillens

Bei einwilligungsfähigen Patienten hat der Arzt die durch den angemessen aufgeklärten Patienten aktuell geäußerte Ablehnung einer Behandlung zu beachten, selbst wenn sich dieser Wille nicht mit den aus ärztlicher Sicht gebotenen Diagnose- und Therapiemaßnahmen deckt. Das gilt auch für die Beendigung schon eingeleiteter lebenserhaltender Maßnahmen. Der Arzt soll Kranken, die eine notwendige Behandlung ablehnen, helfen, die Entscheidung zu überdenken.

Bei einwilligungsunfähigen Patienten ist die in einer Patientenverfügung zum Ausdruck gebrachte Ablehnung einer Behandlung für den Arzt bindend, sofern die konkrete Situation derjenigen entspricht, die der Patient in der Verfügung beschrieben hat, und keine Anhaltspunkte für eine nachträgliche Willensänderung erkennbar sind.

Soweit ein Vertreter (z. B. Eltern, Betreuer oder Bevollmächtigter in Gesundheitsangelegenheiten) vorhanden ist, ist dessen Erklärung maßgeblich; er ist gehalten, den (ggf. auch mutmaßlichen) Willen des Patienten zur Geltung zu bringen und zum Wohl des Patienten zu entscheiden. Wenn der Vertreter eine ärztlich indizierte lebenserhaltende Maßnahme ablehnt, soll sich der Arzt an das Vormundschaftsgericht wenden. Bis zur Entscheidung des Vormundschaftsgerichts soll der Arzt die Behandlung durchführen.

Liegt weder vom Patienten noch von einem gesetzlichen Vertreter oder einem Bevollmächtigten eine bindende Erklärung vor und kann eine solche nicht – auch nicht durch Bestellung eines Betreuers – rechtzeitig eingeholt werden, so hat der Arzt so zu handeln, wie es dem mutmaßlichen Willen des Patienten in der konkreten Situation entspricht. Der Arzt hat den mutmaßlichen Willen aus den Gesamtumständen zu ermitteln. Anhaltspunkte für den mutmaßlichen Willen des Patienten können neben früheren Äußerungen seine Lebenseinstellung, seine religiöse Überzeugung, seine Haltung zu Schmerzen und zu schweren Schäden in der ihm verbleibenden Lebenszeit sein. In die Ermittlung des mutmaßlichen Willens sollen auch Angehörige oder nahe stehende Personen als Auskunftspersonen einbezogen werden, wenn angenommen werden kann, dass dies dem Willen des Patienten entspricht.

Lässt sich der mutmaßliche Wille des Patienten nicht anhand der genannten Kriterien ermitteln, so soll der Arzt für den Patienten die ärztlich indizierten Maßnahmen ergreifen und sich in Zweifelsfällen für Lebenserhaltung entscheiden. Dies gilt auch bei einem apallischen Syndrom.

V. Patientenverfügungen, Vorsorgevollmachten und Betreuungsverfügungen

Mit Patientenverfügungen, Vorsorgevollmachten und Betreuungsverfügungen nimmt der Patient sein Selbstbestimmungsrecht wahr. Sie sind eine wesentliche Hilfe für das Handeln des Arztes.

Eine Patientenverfügung (auch Patiententestament genannt) ist eine schriftliche oder mündliche Willensäußerung eines einwilligungsfähigen Patienten zur zukünftigen Behandlung für den Fall der Äußerungsunfähigkeit. Mit ihr kann der Patient seinen Willen äußern, ob und in welchem Umfang bei ihm in bestimmten, näher umrissenen Krankheitssituationen medizinische Maßnahmen eingesetzt oder unterlassen werden sollen. Anders als ein Testament bedürfen Patientenverfügungen keiner Form, sollten aber schriftlich abgefasst sein.

Mit einer Vorsorgevollmacht kann der Patient für den Fall, dass er nicht mehr in der Lage ist, seinen Willen zu äußern, eine oder mehrere Personen bevollmächtigen, Entscheidungen mit bindender Wirkung für ihn, u. a. in seinen Gesundheitsangelegenheiten, zu treffen (§ 1904 Abs. 2 BGB).

Vorsorgevollmachten sollten schriftlich abgefasst sein und die von ihnen umfassten ärztlichen Maßnahmen möglichst benennen. Eine Vorsorgevollmacht muss schriftlich niedergelegt werden, wenn sie sich auf Maßnahmen erstreckt, bei denen die begründete Gefahr besteht, dass der Patient stirbt oder einen schweren und länger dauernden gesundheitlichen Schaden erleidet. Schriftform ist auch erforderlich, wenn die Vollmacht den Verzicht auf lebenserhaltende Maßnahmen umfasst.

Die Einwilligung des Bevollmächtigten in Maßnahmen, bei denen die begründete Gefahr besteht, dass der Patient stirbt oder einen schweren und länger dauernden gesundheitlichen Schaden erleidet, bedarf der Genehmigung des Vormundschaftsgerichtes, es sei denn, dass mit dem Aufschub Gefahr verbunden ist (§ 1904 Abs. 2 BGB). Ob dies auch bei einem Verzicht auf lebenserhaltende Maßnahmen gilt, ist umstritten. Jedenfalls soll sich der Arzt, wenn der Bevollmächtigte eine ärztlich indizierte lebenserhaltende Maßnahme ablehnt, an das Vormundschaftsgericht wenden. Bis zur Entscheidung des Vormundschaftsgerichts soll der Arzt die Behandlung durchführen.

Eine Betreuungsverfügung ist eine für das Vormundschaftsgericht bestimmte Willensäußerung für den Fall der Anordnung einer Betreuung. In ihr können Vorschläge zur Person eines Betreuers und Wünsche zur Wahrnehmung seiner Aufgaben geäußert werden. Eine Betreuung kann vom Gericht für bestimmte Bereiche angeordnet werden, wenn der Patient nicht in der Lage ist, seine Angelegenheiten selbst zu besorgen, und eine

Vollmacht hierfür nicht vorliegt oder nicht ausreicht. Der Betreuer entscheidet im Rahmen seines Aufgabenkreises für den Betreuten. Zum Erfordernis der Genehmigung durch das Vormundschaftsgericht wird auf die Ausführungen zum Bevollmächtigten verwiesen.

Handreichungen für Ärzte zum Umgang mit Patientenverfügungen*

Bundesärztekammer
Stand: 13.10.1999

Präambel

Jeder Patient hat ein Recht auf Selbstbestimmung. Das gilt auch für Situationen, in denen der Patient nicht mehr in der Lage ist, seinen Willen zu äußern. Für diesen Fall gibt es vorsorgliche Willensbekundungen, die den Arzt darüber informieren, in welchem Umfang bei fehlender Einwilligungsfähigkeit eine medizinische Behandlung gewünscht wird.

Die umfangreichen Möglichkeiten der modernen Medizin lassen es sinnvoll erscheinen, dass Patienten sich vorsorglich für den Fall des Verlustes ihrer Einwilligungsfähigkeit zu der von ihnen dann gewünschten Behandlung erklären. Besonders ältere Personen und Patienten mit prognostisch ungünstigen Leiden sollen ermutigt werden, die künftige medizinische Versorgung mit dem Arzt ihres Vertrauens zu besprechen und ihren Willen hierzu zum Ausdruck zu bringen. In den von der Bundesärztekammer beschlossenen Grundsätzen zur ärztlichen Sterbebegleitung (Dt. Ärzteblatt 1998; 95: A-2365-2367) wird auf die Bedeutung solcher Erklärungen am Ende des Lebens hingewiesen.

Da nach wie vor Unsicherheit darüber besteht, wie solche Erklärungen formal und inhaltlich zu gestalten sind und wann bzw. inwieweit sie Gültigkeit haben, wurden die nachstehenden Hinweise von der Bundesärztekammer erarbeitet. Sie dienen als Handreichung für Ärzte, die um Rat bei der Aufstellung von Patientenverfügungen gefragt werden oder denen eine Patientenverfügung vorgelegt wird.

* Der Nachdruck erfolgt mit freundlicher Erlaubnis des Deutschen Ärzteblattes. Quelle des Dokuments: Deutsches Ärzteblatt 1999; 96: A 2720-2721; online abrufbar unter: http://www.baek.de/30/Richtlinien/Empfidx/Patientenverf.html.

1. Möglichkeiten der Willensbekundung

Möglichkeiten der vorsorglichen Willensbekundung zur Sicherung der Selbstbestimmung sind Patientenverfügungen, Vorsorgevollmachten und Betreuungsverfügungen. Sie können jederzeit vom Patienten geändert oder widerrufen werden.

1.1 Patientenverfügungen

Eine Patientenverfügung (bisweilen Patiententestament genannt) ist eine schriftliche oder mündliche Willensäußerung eines entscheidungsfähigen Patienten zur zukünftigen Behandlung für den Fall der Äußerungsunfähigkeit. Mit ihr kann der Patient u.a. bestimmen, ob und in welchem Umfang bei ihm in bestimmten, näher umrissenen Krankheitssituationen medizinische Maßnahmen eingesetzt werden sollen.

In einer Patientenverfügung kann der Patient auch eine Vertrauensperson benennen, mit der der Arzt die erforderlichen medizinischen Maßnahmen besprechen soll und die dem Arzt dann, wenn der Patient nicht mehr in der Lage ist, seinen Willen selbst zu äußern, bei der ihm obliegenden Ermittlung des mutmaßlichen Willens unterstützend zur Verfügung steht.

Es empfiehlt sich, den Arzt gegenüber dieser Person von seiner Schweigepflicht zu entbinden.

1.2 Vorsorgevollmachten

Mit einer Vorsorgevollmacht kann der Patient für den Fall, dass er nicht mehr in der Lage ist, seinen Willen zu äußern, eine oder mehrere Personen bevollmächtigen, Entscheidungen mit bindender Wirkung für ihn, u.a. in seinen Gesundheitsangelegenheiten, zu treffen (§ 1904 Abs. 2 BGB).

Vorsorgevollmachten sollten schriftlich abgefasst sein und die von ihnen umfassten ärztlichen Maßnahmen möglichst benennen. Eine Vorsorgevollmacht muss schriftlich niedergelegt werden, wenn sie sich auf Maßnahmen erstreckt, bei denen die begründete Gefahr besteht, dass der Patient stirbt oder einen schweren und länger dauernden gesundheitlichen Schaden erleidet. Die Einwilligung des Bevollmächtigten bedarf in diesen Fällen (§ 1904 BGB) der Zustimmung des Vormundschaftsgerichtes, es sei denn, dass mit dem Aufschub Gefahr verbunden ist.

Ob die Einschaltung des Vormundschaftsgerichts auch bei der Beendigung lebenserhaltender Maßnahmen im Vorfeld der Sterbephase erforderlich ist, ist z. Z. strittig. Zur rechtlichen Absicherung kann es sich empfehlen, das Vormundschaftsgericht anzurufen. Die Beendigung lebenserhaltender Maßnahmen während des Sterbeprozesses verpflichtet nicht zur Anrufung des Vormundschaftsgerichtes.

1.3 Betreuungsverfügungen

Eine Betreuungsverfügung ist eine für das Vormundschaftsgericht bestimmte Willensäußerung für den Fall der Anordnung einer Betreuung. In ihr können Vorschläge zur Person eines Betreuers und Wünsche zur Wahrnehmung seiner Aufgaben fixiert sein. Eine Betreuung kann vom Gericht für bestimmte Bereiche angeordnet werden, wenn der Patient nicht mehr in der Lage ist, seine Angelegenheiten selbst zu besorgen und eine Vorsorgevollmacht hierfür nicht vorliegt oder nicht ausreicht. Der Betreuer entscheidet im Rahmen seines Aufgabenkreises für den Betreuten. Auch dann dürfen Maßnahmen nicht gegen den erkennbaren Willen des Patienten durchgeführt werden.

2. Vertrauensperson, Bevollmächtigter, Betreuer

In der Regel werden nahestehende Personen benannt werden. Bei der Benennung ist zu bedenken, dass Nahestehende in kritischen Situationen besonders schweren Belastungen und Konflikten ausgesetzt sein können. Es sollte niemand bestimmt werden, ohne dass mit ihm rechtzeitig und ausführlich über die anstehenden Aufgaben gesprochen wurde. Die benannte Person sollte die getroffenen Regelungen - insbesondere eine Patientenverfügung - kennen.

Wer zu einer Einrichtung, in welcher der Betreute untergebracht ist oder wohnt, in einer engen Beziehung steht, darf nicht zum Betreuer bestellt werden (§ 1897 Abs. 3 BGB).

3. Inhalt

3.1 Situationen

Willensbekundungen im Sinne der Ziffer 1 sollen Aussagen zu den Situationen enthalten, für die sie gelten sollen, z. B.:

- Sterbephase
- nicht aufhaltbare schwere Leiden

- dauernder Verlust der Kommunikationsfähigkeit
- Notwendigkeit andauernder schwerwiegender Eingriffe, (z.B. Beatmung, Dialyse, künstliche Ernährung, Organersatz).

3.2 Ärztliche Maßnahmen

Für die genannten Situationen können Patientenverfügungen auch Aussagen zur Einleitung, zum Umfang und zur Beendigung ärztlicher Maßnahmen enthalten, etwa

- künstliche Ernährung, Beatmung oder Dialyse
- Verabreichung von Medikamenten wie z. B. Antibiotika, Psychopharmaka oder Zytostatika
- Schmerzbehandlung
- Art der Unterbringung und Pflege
- Hinzuziehung eines oder mehrerer weiterer Ärzte.

3.3 Ergänzende persönliche Angaben

Um in Situationen, die in der Verfügung nicht erfasst sind, den mutmaßlichen Willen besser ermitteln zu können, empfiehlt es sich auch, Lebenseinstellungen, religiöse Überzeugung sowie die Bewertung von Schmerzen und schweren Schäden in der verbleibenden Lebenszeit mitzuteilen.

3.4 Ärztliche Beratung

Vor Abfassung einer Patientenverfügung kann es hilfreich sein, ein ärztliches Gespräch über deren Inhalt und Umfang und Tragweite zu führen. Ein Vermerk darüber, dass eine ärztliche Beratung stattgefunden hat, kann zusätzlich belegen, dass der Patient sich auch mit dem medizinischen Für und Wider seiner Entscheidung auseinandergesetzt hat; dies kann die Ernsthaftigkeit unterstreichen und die Verbindlichkeit erhöhen.

3.5 Schweigepflicht

Gegenüber dem Bevollmächtigten und dem Betreuer ist der Arzt zur Auskunft verpflichtet, da Vollmacht und Gesetz den Arzt von der Schweigepflicht freistellen. In der Patientenverfügung können weitere Personen benannt werden, gegenüber denen der Arzt von der Schweigepflicht entbunden wird und denen Auskunft erteilt werden soll.

3.6 Aktive Sterbehilfe

Aktive Sterbehilfe darf, auch wenn sie in einer Patientenverfügung verlangt wird, nicht geleistet werden, da sie gesetzwidrig ist.

4. Form

Patientenverfügungen bedürfen keiner besonderen Form. Aus Beweisgründen sollten sie jedoch schriftlich abgefasst sein. Eine eigenhändige Niederschrift der Patientenverfügung ist nicht notwendig. Die Benutzung eines Formulars ist möglich. Eine Patientenverfügung soll möglichst persönlich unterschrieben und mit Datum versehen sein. Rechtlich ist es weder erforderlich, die Unterschrift durch Zeugen bestätigen zu lassen, noch eine notarielle Beglaubigung der Unterschrift herbeizuführen.

Um Zweifeln zu begegnen, kann sich jedoch eine Unterschrift vor Zeugen empfehlen, die ihrerseits schriftlich die Echtheit der Unterschrift sowie das Vorliegen der Einwilligungsfähigkeit des Verfassers bestätigen.

5. Einwilligungsfähigkeit

Patientenverfügungen sind nur wirksam, wenn der Patient z. Z. der Abfassung einwilligungsfähig war. Sofern keine gegenteiligen Anhaltspunkte vorliegen, kann der Arzt von der Einwilligungsfähigkeit des volljährigen Patienten ausgehen. Die Einwilligungsfähigkeit liegt vor, wenn der Patient Bedeutung, Umfang und Tragweite der Verfügung zu beurteilen vermag. Das gilt auch für Minderjährige. Die Umsetzung ihres Willens kann grundsätzlich jedoch nicht gegen den Willen der Sorgeberechtigten erfolgen.

6. Verbindlichkeit

Grundsätzlich gilt der in der Patientenverfügung geäußerte Wille des Patienten, es sei denn, es liegen konkrete Anhaltspunkte vor, die auf eine Veränderung seines Willens schließen lassen. Da Patientenverfügungen jederzeit formlos widerruflich sind, muss vom behandelnden Arzt geprüft werden, ob Anhaltspunkte für eine Willensänderung vorliegen.

Um Zweifel an der Verbindlichkeit älterer Verfügungen zu beseitigen, empfiehlt es sich, diese in regelmäßigen Abständen zu bestätigen oder zu ergänzen.

7. Aufbewahrungsempfehlung

Um sicherzugehen, dass die behandelnden Ärzte Patientenverfügungen zur Kenntnis nehmen können, sollten diese gemeinsam mit den persönlichen Papieren bei sich geführt werden. Auch ein einfacher Hinweis, dass solche Verfügungen verfasst wurden und wo sie zu finden sind, kann förderlich sein.

Hilfreich ist es weiterhin, wenn z. B. die Angehörigen oder der Arzt des Vertrauens über das Vorliegen informiert werden.

Für den Arzt, der gemäß einer Patientenverfügung behandelt, empfiehlt es sich, eine Kopie der Patientenverfügung zu den Krankenunterlagen zu nehmen und Äußerungen benannter Personen zu dokumentieren.

GPSR Compliance

The European Union's (EU) General Product Safety Regulation (GPSR) is a set of rules that requires consumer products to be safe and our obligations to ensure this.

If you have any concerns about our products, you can contact us on ProductSafety@springernature.com

In case Publisher is established outside the EU, the EU authorized representative is:

Springer Nature Customer Service Center GmbH
Europaplatz 3
69115 Heidelberg, Germany

Batch number: 10844675

Printed by Printforce, the Netherlands